古代清官廉吏故事

中国古代廉洁史话（全二册）

《廉政瞭望》编著

四川人民出版社

图书在版编目（CIP）数据

中国古代廉洁史话：全二册 /《廉政瞭望》编著 .
— 成都：四川人民出版社，2023.2
ISBN 978-7-220-13115-8

Ⅰ.①中… Ⅱ.①廉… Ⅲ.①廉政建设—历史—中国
—古代 Ⅳ.① D691.49

中国国家版本馆 CIP 数据核字（2023）第 020656 号

ZHONGGUO GUDAI LIANJIE SHIHUA（QUAN ER CE）

中国古代廉洁史话（全二册）

古代清官廉吏故事

《廉政瞭望》编著

责任编辑	谢　寒
封面设计	张迪茗
版式设计	戴雨虹
责任校对	林　泉
责任印制	祝　剑
出版发行	四川人民出版社（成都三色路238号）
网　　址	http://www.scpph.com
E-mail	scrmcbs@sina.com
新浪微博	@四川人民出版社
微信公众号	四川人民出版社
发行部业务电话	（028）86361653　86361656
防盗版举报电话	（028）86361653
照　　排	成都木之雨文化传播有限公司
印　　刷	成都蜀通印务有限责任公司
成品尺寸	170mm × 240mm
印　　张	11.25
字　　数	135 千字
版　　次	2023 年 3 月第 1 版
印　　次	2023 年 3 月第 1 次印刷
书　　号	ISBN 978-7-220-13115-8
定　　价	98.00元（全二册）

《中国古代廉洁史话（全二册）》编委会

主　编　胡桂林

副主编　孟　盛　舒　炜　曾　晖

编　辑　刘　兰　夏　芯　曾　勋

邓苗苗　许　然　曾那迦

杨智淋　李浩瑄　刘成婧

| 序言 |

向历史汲取廉政建设智慧

面对世风繁杂的大千世界，人们渴望干部清正、政府清廉、政治清明、社会清爽、世界清和，清则心境高雅，清则正气充盈，清则百毒不侵，清则万众归心。中华民族优秀传统文化十分注重河清海晏、物阜民熙的社会建构，强调风清气正、两袖清风的个体修为，力图以健康有序、道德自律、公平和合、法治良序来整体推进经济社会不断发展。

随着社会物质财富的不断积累、社会分工的日益细化，一部分掌握社会资源和权力的官员就动了掠夺和贪吞人民财富的心思，滋生腐败，侵蚀社会机体，甚至动摇和瓦解国家基石，蚕食和破坏民族精神。在古人看来，廉是为官之本、“为政之要”。（陈录《省心杂言》）“廉者，政之本也。”（《晏子春秋·杂下》）宋代包拯在《乞不用赃吏疏》一文中指出：“廉者，民之表也；贪者，民之贼也。”廉洁奉公的，是百姓的表率；贪赃枉法的，是坑害百姓的强盗。“克俭节用，实弘道之源；崇侈恣情，乃败德之本。”（吴兢《贞观政要·卷四》）所谓廉政，就是从政不苟得，不妄取，不受不义之财。清代作家石成金在《传家宝》中说："惟公则生明，惟廉则生威。""士不识廉，衣冠狗彘。"历代关于修身廉洁、廉政为民的论述浩如烟海，举不胜举。如今，翻阅由《廉政瞭望》杂志编著的《古代廉洁制度典故》《古代清官廉吏故事》书稿，倍感亲切。

《廉政瞭望》创刊于1989年，是中国知名的以反腐倡廉为主要刊载内容的大型时政类半月刊。《廉政瞭望》杂志社作为专业的廉洁文化传播机构，几十年来致力于古代廉洁文化的挖掘和传播，取得了斐然的成绩。这套丛书，正是杂志社对以往成果的总结，其中的文字不仅具有可读性、知识性，而且对当下如火如荼的廉洁文化建设亦有重要的借鉴意义。

《古代清官廉吏故事》的榜样价值。该书撷选了《廉政瞭望》三十余年来在"历史"栏目发表的文章，呈现的是古代清官"为士居官，清节凛凛"的清风、清气，表现的是他们"水以清冽而寒为美"的品质、品位，彰显他们"洁己而有德威者"的廉洁。中国是世界上最早建立官僚机构的国家之一，司马迁的《史记》就有对官僚的类型化评价，他认为好官的标准是：行教、清廉、守法。在崇尚法家政治的战国、秦及汉初，守法是最主要的好官标准。到了"独尊儒术"时期，推行教化又成为好官的标准。从三国末年开始，根据司马懿的思想，清、慎、勤成为正式的为官标准，清官也就逐渐成为好官的代名词。从北宋名相王安石到"纤夫县令"何易于，从蜀帅余玠到铁面御史李湫芳，不管是文臣武将、中央要员还是地方官员，不管他们的官阶高低，从事什么工作，他们都拥有为国为民、清廉自律的品质。

本书既收有家喻户晓、名垂千古的王安石、海瑞、寇准、刘光第等人的故事，也讲述鲜为人知的廉洁奉公楷模如陈希亮、何易于、李勉等人，在不同朝代、不同地区，他们用自己的铮铮铁骨换得政通人和、万民仰慕。如“纤夫县令”何易于，面对上司利州刺史崔朴的不合理要求，为了维护百姓春耕时期劳作需要，宁愿放下读书人与县令的面子，做起纤夫。一代楷书大家颜真卿，75岁高龄时前去劝降安禄山、史思明的叛军，面对尖刀、谩骂和恐吓不曾屈服，唐德宗称赞其“拘胁累岁，死而不挠，可赠司徒”。

本书全方位展现了几千年来对朝政、地方和百姓产生深远影响且有口皆碑的官员形象，用故事的形式呈现他们的过往。人们把他们的清廉视作为官的操守、修养和人格，他们守身如玉、耿介清正，他们的人与事千古传为美谈，至今仍值得借鉴、学习。

《古代廉洁制度典故》的借鉴意义。该书撷选了《廉政瞭望》三十余年来在“观点”“历史”等栏目发表的关于古代贪腐案例和廉政治理的文章。历史不止一面，有清官，必定有贪官；人性也不止一面，有清廉，必定也有贪欲。本书囊括了《明朝的监察干部为何集体堕落》《晚清震动高层的钱权色交易案》《大贪官和珅之死》等篇目，展现了封建社会贪腐官员从贪欲横行到遭遇灭顶之灾的全过程。贪腐问题是古代不少王朝由盛转衰的根本原因，这是制度使然。封建制度虽然表面看起来严刑峻法，可到了操作层面就处处留有漏洞和余地。因此，本书亦从制度层面寻找原因，比如《贿赂的进化与嬗变》《焚书坑儒中的权力、权威及权术》《牧羊人也会偷羊：古代避籍制度为何总失灵?》等文章，从各个领域、不同角度，分析古代治理贪腐等方面取得的成绩和存在的局限。《丁谓：从能吏到“五鬼”》的故事，告诉我们宋朝倡议高薪养廉，但是导致官员冗杂，间接助推奢侈之风，使得国力由强转弱，逐渐丧失民心。这些故事无一不告诉我们，反腐倡廉工作不仅需要法治与德治相互联系、相互促进，更要把廉政教育建设作为反腐倡廉的重要内容与关键途径去狠抓落实。《贿赂的进化与嬗变》论述了清末官场陋规，对于惩治腐败的工作方法具有参考意义。《明朝“粮长”是怎么成为瘟神岗位的?》一文告诉我们：一个工作系统如果不加以监督规训的话，即使当时是良政，最后也会因人因事变成恶政。《监督单靠一个“杠”字是不行的》则提醒我们，反腐倡廉监督是讲究工作方法的，不能单纯为了反对而反对，而是需要提出具体可行的方式方法。

厘清古代治理方式与制度的成就与局限，对今天的法治建设与廉政建设，仍不乏学习、借鉴意义。

习近平总书记2015年9月11日在十八届中央政治局第二十六次集体学习时讲了一个典故：“唐德宗时期有一个宰相叫陆贽，他严于律己，任何礼物一概拒绝。德宗皇帝劝他说，爱卿太过清廉了，别人送什么都不收也不好，像马鞭、靴子之类的，收下也没什么关系。陆贽回答说，一旦开了受贿这个口子，必定胃口越来越大。”陆贽是唐德宗时期的宰相，他秉性贞刚，严于律己，自许“上不负天子，下不负所学”。为相期间，陆贽一直保持着清正廉洁的作风，跟下属和同僚交往的时候，坚决拒绝他们的馈赠。唐德宗专门给陆贽带话，告诉他清廉太过、拒绝他人馈赠的话，恐怕事情就办不成了。面对唐德宗的劝说，陆贽并没有“奉旨”受贿，而是在一份奏章里写道：“贿道一开，展转滋甚。”除了对自己严格要求，陆贽还多次向唐德宗上各种奏章，劝谏唐德宗成为一代名君。“贪如火，不遏则燎原；欲如水，不遏则滔天。”习近平总书记讲述陆贽的故事，意欲告诫广大党员干部要慎微慎独，时刻绷紧严于律己这根弦，明大德、守公德、严私德，清清白白做人、干干净净做事、坦坦荡荡为官，做到克己奉公、以俭修身，永葆清正廉洁的政治本色。

宋代包拯在《书端州郡斋壁》写道：“清心为治本，直道是身谋。秀干终成栋，精钢不作钩。仓充鼠雀喜，草尽兔狐愁。史册有遗训，毋贻来者羞。”《古代清官廉吏故事》《古代廉洁制度典故》通过历代清政廉洁故事和案例分析，注重学史明理、学史增信、学史崇德、学史力行，向历史汲取廉洁修为、廉政为民、反腐治贪、依法治国的政治智慧、治理智慧、人生智慧和健康有序的社会发展智慧。而这种智慧不是通过高谈阔论、云里雾罩、抽象说教，让人听不懂看不明白，而是在大量鲜活、真实、有趣的案例故事中娓娓道来，以事寓理、以案说法、以镜照人、以史为诫，把中华五千年积累的正反历史经验和贯穿始终的清廉清正清明清政追求，比较集中地呈现在读者面前，让我们读之有所悟、有所思、有所醒，不仅力戒贪婪、拒腐蚀永不沾、质本洁来还洁去，更应为了国家清朗洁净的天空，以猛药去疴、重典治乱的决心，以刮骨疗毒、壮士断腕的勇气，坚决把党风廉政建设和反腐败斗争进行到底，树立正确的权力观、地位观、利益观，激浊扬清，扬帆远行，一路高歌。

李明泉

2022 年 11 月 15 日

目录
Contents

历史上的姜子牙与商周鼎革

林屋公子

人们多从小说或电影电视中认识姜子牙，那么，历史上的姜子牙究竟是一个怎样的人呢？

姜子牙不姓姜

姜子牙是商末周初真实存在的人物，不过“姜子牙”这个名字是后人对其的称呼，在周朝人们一般称呼他为吕尚或者吕望。在战国秦汉文献中，流传着不少吕尚早年的故事。

据说吕尚是齐国人，娶妻后却被妻子赶出门。后来在朝歌（今河南淇县）做过屠户，后因生意不好而干不下去。他还做过贵族子良的家仆，因主人嫌弃他而被炒了鱿鱼。最后，他跑到棘津渡口（今河南省延津县）卖食品，也无人理睬。于是他只好来到周国，在渭水北岸钓鱼时被周文王相中，成就一段君臣相遇的佳话。

不过当时也流传另外一些说法。有说吕尚是在菜市场卖牛肉时被周文王物色到的；也有说吕尚是名望很高的长者，游说商纣王却不被任用，听说文王贤明而主动投奔；甚至还有说吕尚在商朝的经历是为周国做间谍。其实，这些故事都不是史实，据考证，真实的吕尚很可能是吕国的一位贵族。

吕国是当时周国的得力盟友，周文王的祖母太姜就是吕国公主，周人祭祀的始祖后稷之母姜嫄，也出自吕国的同宗有邰氏。吕尚一直以吕氏相称，应该本身就是吕国人，与周文王从小就认识。吕尚作为吕国的佼佼者，被周文王相中自然也不意外了。当时吕国贵族也兼任周国大臣，吕尚被周文王任命为“三公”之一的太师，成为周国的最高军政长官。吕尚的女儿邑姜也嫁给周文王的太子发，也就是后来的周武王。

商周两国关系势同水火。周文王父亲王季被商纣王的祖父文丁所杀，商纣王即位后，受崇国国君崇侯虎挑唆，又囚禁了周文王。尽管吕尚积极谋划，通过行贿商纣王心腹大臣费仲，让周文王顺利回国，但商周一战已经在所难免了。不过周国此时还是商朝属国，实力较为弱小。于是周文王与吕尚等大臣商议击溃商朝之计。

商周鼎革的“关键先生”

吕尚主要为周文王提供了两方面的谋划。首先是修明政治。据《说苑》载，周文王询问吕尚如何治理国家，吕尚认为，行王道的国家百姓富足，而无道的国家国库富足，现在君王的财富多得溢出来，百姓的钱财却漏得干净啊！周文王认为有道理，当天就打开粮仓赈济百姓。

后来周武王即位时，也询问岳父吕尚如何治理国家，吕尚说关键在于爱护百姓，政事要对他们有利不要有害，要让他们快乐不要让他们劳苦。此外，国君自己也要厉行节约，不因个人喜好妨碍、变更法律，要做到赏罚分明。

在修明政治的同时，吕尚极力主张征伐坚持归附商朝的诸侯。在消灭了密须、丰、镐、犬戎、崇等国，尤其是杀了陷害周文王的仇敌崇侯虎后，周国的势力范围越来越大，形成了“天下三分，其二归周”的局面。

周武王即位后不久，迁都丰邑东边的镐邑，迎来了灭商的最佳时机。于是周武王决定攻打商朝都城朝歌。但在发兵前占卜结果却不吉利，外面忽然风雨大作。大臣们都很害怕，只有吕尚坚持劝说周武王，还把占卜用的蓍草推开，把龟壳踩倒，大喝一声：“枯骨死草，何知吉凶！”这才坚定周武王出兵的信心。

在行军途中同样遇到了险阻。在邢丘（今河南省温县）的时候车轭忽然断为三截，大雨连续三天不停。周武王内心感到恐惧，又问吕尚这是否意味着不能讨伐商朝。吕尚说不是这样，车轭断为三截是说我们部队要分而为三，大雨连续三天不停是要洗干净我们的兵器啊！正是在吕尚的不懈鼓励下，周武王才坚定了斗志。商纣王仓促组织一支部队应战，公元前 1046 年，两军在朝歌以南的牧野（今河南省新乡市）相遇。

“牧野洋洋，檀车煌煌，驷騵彭彭。维师尚父，时维鹰扬。凉彼武王，肆伐大商，会朝清明。”后来周人在《诗经》中描述这场战争。当时，吕尚以太师之尊，不惧艰险，像一头苍鹰翱翔战场，迎面射倒对方武将。见此场景，诸侯联军士气大振，不到一天时间就歼灭商军主力。当晚，诸侯联军攻入朝歌，商纣王自焚，商朝灭亡，周朝建立。

镇守泰山以北

商朝虽然灭亡，但商族势力仍在。周武王先是把3个弟弟管叔鲜、蔡叔度、霍叔处设为“三监”，监视商纣王太子武庚。周武王去世后，其年轻的儿子即位为周成王，武王弟周公旦摄政。“三监”不服周公旦，反与武庚沆瀣一气，并勾结东方的东夷薄姑国、奄国等反叛。

这场战争对周人的考验不在牧野之战之下。周朝的3位元老——周公旦与太师吕尚、太保召公奭齐心协力，平定了“三监”之乱，并且一路打到了东夷，消灭了薄姑国和奄国。

此时东夷势力仍然很强，而周人并不能迅速消灭东夷以绝后患。于是在周公旦的主持下，吕尚被封到薄姑故地建立齐国（今山东省淄博市临淄区），周公旦本人则被封到奄国故地建立鲁国（今山东省曲阜市）。两国一在泰山以北，一在泰山以南，以掎角之势扼守住山东半岛西大门。当时齐国一带战乱频繁，吕尚在进入齐国时还与前来争地的东夷莱国国君干了一仗。

吕尚进入齐国后，采取兼容并蓄的建国方针，尊重土著习俗，因俗简礼，只用3个月就稳定了齐国局势。之后又利用齐国近海的优势，发展工商、鱼盐产业，齐国迅速发展起来。与之相对的是，代表父亲周公旦坐镇鲁国的伯禽却更改当地习俗，完全用周礼代替夷礼，结果足足用了3年时间才稳定下鲁国局势。周公旦也为之感叹，“平易近民，民必归之”，鲁国以后怕是要北面服侍于齐国了啊！

不过，周公旦在吕尚面前可不愿意输了嘴皮子。有次周公旦问吕尚如何治理齐国的，吕尚说尊贤尚功，任人唯贤唯功。吕尚反问周公旦治鲁之道，周公旦说尊尊亲亲，即任人唯尊唯亲。吕尚说鲁国这样会日渐衰弱的。周公旦却说，齐国这样会被篡夺的。后来的故事大家都知道，吕尚的后代齐桓公成为“春秋五霸”之一，尽管齐国在春秋战国之际被异姓大臣田氏篡夺，但田氏齐国仍以此为基础，成为“战国七雄”之一。而鲁国早在春秋时期就已经是积弱之国，于公元前255年被楚所灭，自此绝祀。

吕尚最终在齐国去世，以周太师身份礼葬于周。作为商周鼎革的关键人物，他的故事在后世也就越来越丰富和戏剧化了。

廉洁不苟　志行高洁

子　弘

春秋时期，每逢上朝，齐国名相晏婴都乘一辆旧车，拉车的也是劣马。齐景公见后说：“我给你的俸禄少了吗？怎么乘这么不好的车马？”晏子回答说：“依靠君王的恩赐，我能穿暖衣，吃饱饭，有破车劣马以供我用，已经满足了。”之后，景公派人给他送去1辆大车和4匹好马，往返数次他都不收，景公很不高兴，忙召见晏子说：“你不接受，我也不乘坐。”晏子回答说：“君王命我监察百官，我节制他们的衣食用项，来养国家的百姓，即使这样，也还是怕官吏们奢侈靡费，如今赏我大车良马，君王乘坐这种车马，我也乘坐这种车马，如果百官不讲礼仪，在衣食上奢侈，我就无法禁止他们了。”于是婉拒了景公的赏赐。

像晏子这样的高洁之士，史料中不乏记载，古人视清白无瑕为做人之道，把“正直”作为官员廉政的首要标准，因为离开了“正”就很难说到“廉”。《周礼》上有“廉正”之论，《史记》更说春秋时楚相石奢为人“廉正”，《礼记》上还有“廉正劲直”之说。

古之廉吏执法执纪，不受贿赂、不避权奸、不避亲友、不讲情面者不乏其例，如明朝的姚文灏，提出“毁誉不入”“清托不行”“贿赂不通”，甚至以辞馈安分而自矜。至于他们的辞馈方法也很巧妙。除了直接谢绝（如公仪休之辞鱼），还有杖（如顾协之杖赠金者）、掷（如冯俊之以金投面）、逐（如姚察之驱逐送瓜报布，令送礼者自愧不如）、碎（如刘禹锡之碎缸）等。

礼不受，贿更不受；大礼不受，小礼也不受。如宋朝吕蒙正为相时，有人送他一面铜镜，并说可光照二百里。吕蒙正却推辞说：“吾面不过碟子大，安用照二百里！”遂坚决不受。

古代还十分强调高级官吏的表率作用，只有以身作则，廉洁自律，才能教育中下层官吏。孔子说：“其身正，不令而行。”孟子说：“其身正而天下归之。”明末清初的思想家王夫之提出，整饬吏治务必“严之于上官”，否则“严下吏民益乱，而不问上官，法峻，贪益甚，政益乱，民益死，国乃以衰之”。对于高级官吏以身作则的道理，不少帝王有着相当明智的认识。唐太宗对大臣说：“若安天下，必先正身，未有正身而影曲，上治而下乱者。”康熙帝更明确强调：“正朝廷以正百官，正百官以正万民。”他们不但言之凿凿，而且身体力行。大唐初年，在唐太宗的倡导下，贞观时期朝中大臣清廉俭朴，蔚然成风，以住房为例：中书令岑文本的房屋低矮潮湿，连帷帐之类的简单装饰都没有，所以20年间，全国风俗简朴，衣无绣，无饥寒之弊。

清正不仅指为官的表现，也指为人为官的精神境界。刘勰说：“神话心清，则形不累也。”志行高洁、为官清廉的官吏所以能刚直敢言，不附和权贵，不迎合上司，使权奸退避三舍，甚至敢于冒死直谏，就是因为他们有骨气、无私心。

都江堰治水史也是一部廉史史

许 然

提到“天府之国”，绕不开举世闻名的都江堰水利工程。而秦蜀郡守李冰与都江堰，是一对让人炫目的组合，两者相互成就，谱写出一曲流芳绝唱。

两千多年前，李冰率领民众修建都江堰水利工程，将洪水长期肆虐的川西泽国，变成了“水旱从人，不知饥馑”的沃土。后世怀念李冰，不单因为他是一名水利专家，更因他是廉洁勤政的地方长官中的典范。

“倘若治水之人懒政惰政，都江堰水利工程早已河道废弛，水利瘫痪，整个天府之国也将不复存在。可以说，都江堰的治水史也是一部勤政廉政史。很多都江堰的建设者、维护者、修缮者和拓展者都是勤廉文化的典范。”成都作协副主席、都江堰文史研究专家王国平接受了《廉政瞭望》记者采访，回溯了历朝历代治理都江堰那些勤政廉政官员的故事。

李冰的勤廉精神，在治水中延伸

兴修水利，就是创建、修复、扩大、发展水利工程，以此来控制水、疏导水，避水之害，用水之利，化害为利——这就是“治水”。

沿着时间的经脉梳理，自秦代以来，曾主持都江堰政事的人灿若繁星：李冰、文翁、诸葛亮、刘易从、韩亿……“由于人物与遗存密不可分，构建出都江堰水利工程的最终形态，组合成一幅清气逼人的历史文化长卷。”王国平说。

何为勤？古人说：“黾勉从公，夙夜匪懈，谓之勤。”在李冰身上，勤，体现在勤政务、矜老疾、话艰困。公元前 272 年，年轻将领李冰奉秦昭王之命赶到蜀郡，就任郡守。作为蜀中第一高官，李冰没有丝毫官架子，而是轻车简行赴命任职。一到任，他就拒绝了近百台“接风宴”，关注底层民众的疾苦，开始巡察民生，查勘水患。他与随员一道风餐露宿，行约千里，记录下历年水情，又大量查阅了此前官员的治水史料，最后选定了都江堰水利工程的动工堰址。

如果说“勤于政事”是从政者的职责所在，那么“廉俭”则是李冰的生活方式。在都江堰水利工程建设的 8 年里，李冰住茅草工棚，睡木板床，吃大锅伙食，与成千上万军民同甘共苦，构建了都江堰水利工程的最初形态。

此后，李冰的后继者，文翁、诸葛亮等人不断拓展渠系，延伸水脉，在治水中将勤廉精神传承下去。

西汉文帝时期，文翁来到蜀地，一改当时蜀地文化教育落后的情况，兴办学校，选拔人才进京学习。文翁还积极投身于民生建设，据《都江堰水利述要》记载：文翁在任职期间，带领民众“穿湔江，灌溉繁田一千七百顷”，是第一个扩大都江堰灌区的官员。

如今，成都民间还流传着这样的故事。据说当时有一富绅，听闻文翁要兴修水利，便想从中牟利。这名富翁带着大笔银钱求文翁让其包揽工程，文翁将计就计，赐富绅美差，以集治水之资。眼看计策将成，朝廷下令："治水钱款有限，若官吏有贪贿之举，就地立斩不赦。"富绅不敢造次，后因经办差事有误，不但分毫无获，还不得不再拿银两充填，才算逃过一劫。

王国平认为，"勤廉，在文翁身上体现出的是一种对治水的不懈，而在诸葛亮身上，则多了一层制度规范的意味"。

刘备入蜀之后，诸葛亮意识到都江堰是农业之根本、国家经济发展的重要支柱，于是，他专门设置了堰官，并征集兵丁1200人常年驻守，对其进行日常的管理和维护。此外，诸葛亮大量兴建各类灌溉设施筑堤以防水患。据民国《成都志》载："九里堤在县西北，堤长九里，故老相传，诸葛亮所筑，以捍水势。"

在社会动荡的特殊时代，诸葛亮以敏锐的眼光看到了人民的安定对社会秩序和统治秩序的重要意义，因此，他十分关注民生，积极主张实行惠民措施。此后各朝，都江堰所在地的县令均为都江堰水利工程的主管。宋朝时进一步制定和完善了都江堰岁修制度，并施行至今。

"前有章仇后张公，疏决水利粳稻丰"

"看一个官员是否清廉爱民，只要去看他辖区内的水利状况就一目了然。水清则清，水浊则浊，这也是岷江两岸的老百姓流传千年，最直接有效辨别官员贪廉的方法。"王国平介绍。

都江堰与任何水利工程一样，并非一蹴而就、一劳永逸。累年频发的岷江洪水，冲毁渠首工程，渠道各段也容易发生溃决或淤塞，从而酿成灌区的水旱灾害。所以，都江堰不但需要"岁修"，而且在一定时期，必须进行"大修"或"修复"。

唐贞观元年（627），被提拔为侍中的高俭转任益州大都督府长史。到任后高俭发现，由于都江堰旧有渠道废弛，导致人们生产生活用水的不便。当时居于水侧的普通人家因水而兴，这让许多有权有势之人眼红不已。为争夺水利，双方纠纷不断，遂激起当地民众的愤怒。

于是，主张正义的高俭亲自扛起了长锸和锄头，与军民一同来到都江堰，整治渠道，使之恢复功能，在故渠之外扩展出许多支渠。为从根本上解决水利之争，高俭还特地制定了用水方案，使都江堰之水得以充分利用。此外，高俭还在都江堰的东面修筑了百丈堰，引岷江水灌溉彭州和益州的农田，蜀中大获其利。

武则天时期，来到彭州担任长史的刘易从了解到彭州、唐昌等地常常干旱，百姓收成欠佳，于是打算修建渠道引水。在他的督促下，当地在都江堰干渠蒲阳河的左岸开引水口，将水灌溉至彭州南部农田，即后来官渠堰（今人民渠）的前身。灌渠开始向成都的西北面延伸和拓展，滋润干旱之地。

然而刘易从的勤政与正直引起了一些贪官污吏的嫉恨。唐永昌元年（689），因被徐敬贞诬告与“徐敬业叛乱”有关联，刘易从被当权者下令在彭州处斩。行刑时，蜀中百姓哀其无辜。据史料记载，“易从在官仁恕，及将刑，人吏无远近奔走，竞解衣相率造功德，以为长史祈福，州人从之者十余万”。

后来的僖宗乾符三年（876），高骈在成都建筑周长 25 里的罗城时，改造府河，使之流经城北、绕城东至合江亭，与南河相汇，形成“二江抱城”的格局，城区的防洪、排涝、航运、供水和景观更臻完善，而社会经济愈益繁荣，以至从此在全国获得了“扬一益二”的美誉——扬州、益州比肩繁华。

国兴，基础设施兴；国败，基础设施败。都江堰见证了历史的荣辱兴亡。唐末因战乱导致都江堰年久失修，唐初益州长史章仇兼琼创建的通济堰，逐渐淤废，大片农田失水灌溉而荒歉，万民叫苦连天。前蜀王建称帝后（907 年左右），任张琳为眉州刺史。张琳关心民瘼，下决心主持大规模的废堰修复扩建工程。竣工后，通济堰溉田从最初的 1600 顷扩大到 1.5 万顷，大得人心。百姓欢天喜地，传唱歌谣："前有章仇后张公，疏决水利粳稻丰。"

到宋仁宗年间，韩亿出任益州知事，遭遇了百年不遇之大旱。他当即下令官府拿出比往年多几倍的官粮，补给百姓，并组织官民疏通都江堰九升江口，拓展渠系。

对于都江堰的维护，不少官员都曾有过采石砌堤的设想，但未能实现。到了元代，李秉彝将这一构想变成了现实。

在陕西任按察副使期间，李秉彝巡视都江堰，考察水利。得知都江堰水利工程一遇洪水常被冲坏，需要征调民夫修筑，既劳民又伤财的情况后，他主张以石筑堰，3 个月建成。此后，来自岷江的洪水皆从飞沙堰上溢流，既不会造成阻塞，也不会冲毁工程，还能在旱季节水以灌溉农田，使都江堰水利工程发挥了长远效益。

"为官一任，造福一方。"尽管凡兴修水利，主办者都要付出身心"劳瘁"的代价，但历代总有仁人志士甘于献身。正因为有其接续奋斗，都江堰才能历经无数洪水冲击的考验，灌溉面积逐渐从汉代的 70 万亩扩大到如今的 1500 多万亩。

"勤廉精神，在历代官员的治水经验中得以坚守与弘扬。"在王国平看来，正是勤廉思想在都江堰治水中的生生不息，才构筑起了都江堰治政文化的基石。

位列九卿的郑当时，身后却无钱下葬

李耘枞

他对官场中的暗箱操作、私相授受十分不屑，始终恪守公权不私用、公物不私占的底线，坚持以清白为底色，傲然行走天地间。

古代官场中容易上书的，大致有两类人，要么是大忠大善之人，要么是大奸大恶之人。还有一种默默无闻的廉吏，他们的举动可能恩泽后世几百上千年，但自己身上话题少，缺少离奇的故事，往往鲜为后人所知。郑当时，就是这样的人。

“缠住”皇帝推荐人才

郑当时之父郑荣为项羽手下，被汉军俘获后，刘邦欲考察被俘楚臣是否恋旧主，均令改名为“籍”（项羽本名籍，字羽），唯独郑荣拒绝，因此被逐。

宋代苏轼赴任杭州通判途中，曾作《濠州七绝虞姬墓》，其中写到“仓黄不负君王意，只有虞姬与郑君”，对郑荣的忠肝义胆褒扬有加。

也许是受父亲的影响，郑当时年轻时就行侠仗义，喜欢交游。曾经解救过后来成为梁国著名将领的张羽，其侠义精神在梁、楚大地广为传颂。不久，汉景帝刘启任命郑当时为负责守护东宫的太子舍人。

当时的东宫，实行的是五天一休制，也就是每工作五天休息一天。为了方便拜访结交的朋友，郑当时在长安的四郊置备马匹，一到放假就骑马走亲访友，乐此不疲。

郑当时待人十分热情周到，他时常告诫家人："客人来访，无论贵贱都要一视同仁，以礼相待，千万不能让人家在外面久等。"

汉武帝刘彻即位后，郑当时由鲁中尉、济南太守、江都相，一路飙升到位列九卿、掌治京师的右内史。

当了右内史，郑当时更是谦虚谨慎，礼贤下士。他对人特别和气，哪怕是自己的下属，都从来不直呼其名。他每次跟下属谈话，总是设身处地地为对方着想，害怕哪个地方不小心无意伤害到对方。

那个时候选人用人的渠道十分狭窄，寒门子弟要在朝廷里做事必须有人推荐，连韩愈都感叹汉时，"千里马常有，而伯乐不常有"。而一些被推荐的人又一阔脸就变，常常做出教会徒弟饿死师傅的事情来。同时，朝廷为了避免推荐人私相授受，以权谋私，一旦发现哪个被推荐的人犯事，在严惩犯事者的同时，还要对推荐人实行连坐。

郑当时却丝毫不顾忌这些，每次上朝只要有跟汉武帝说话的机会，他必定一个劲儿地推荐那些贤能的读书人和属下官吏，称道他们德高望重，比自己贤能，唯恐年轻人屈才。一旦听到别人有什么高见，他也马上报告武帝，唯恐因为慢了而耽误大事。

建言开漕运，开启郑氏兴盛之路

元光六年（公元前129年），任大司农的郑当时经过长时间的考察，大胆上书汉武帝，建议从长安经南山新开一条漕运航道。汉武帝认为可行，便派水利专家徐伯组织人马修建，数万人经3年终于建成漕渠。

漕渠的起点是从今西安昆明路附近的昆明池经由昆明渠流经西安北郊沟上村，穿过灞河，经新筑镇、新丰镇、渭南、华县到华阴市北进入渭河，全长300多里。

这个浩大的民生工程，使进京物资的漕运里程从900多里缩短为300多里，运期由6个月缩减为3个月，还使“渠下民田万余顷，又可得以溉田；此损漕省卒，而益肥关中之地，得谷”（《史记·河渠书》）。

漕渠修成后“甘泉仓满”，不仅满足了京师的粮食供应，也有力地支援了对匈奴的战争。之后，隋、唐又先后3次对漕渠进行了重开或疏浚，前后延续使用了1000多年。从河渠沿线的村落布局看，到宋、元时还有水，明代彻底干涸。可见郑当时议开的漕渠不仅惠及当代，而且泽被后世。

郑当时从汉武帝当太子时的小小侍卫做起，之后一步一个脚印地干到九卿级别的大官，手里自然不缺权力，更不乏权力变现的机会。他对官场中的暗箱操作、私相授受十分不屑，始终恪守公权不私用、公物不私占的底线。他在汝南太守任上去世的时候家无余财，还是靠大家的接济才勉强入土为安，这穷尽一生的结果，令人无不震撼和感慨。

后来，西汉皇室为褒扬郑当时，“庄兄弟子孙以庄故，至二千石六七人焉”，开启了荥阳郑氏家族的兴盛之路。

门若市　心如水

邓苗苗

古代中国有着漫长的印章使用历史。由公印到私印，印章从一种权力、身份地位的象征，逐渐转变成了融雕刻与书法两种艺术为一体的文化产物。故宫博物院藏有一方青田石章，上用篆体朱文书“臣心如水”四字，意思是为官廉洁自守，心如水般清澈见底，此语出自西汉一位因谏获罪的大臣——郑崇。

一代良吏被“逆淘汰”

郑崇生于高密望族，其父郑宾通晓法律，是西汉著名御史大夫贡禹的下属。而郑崇本人也因能力突出，由郡文学升迁至丞相大车属，后在大司马傅喜的推荐下，被汉哀帝擢为尚书仆射，手握重权。

郑崇为官清廉，又时常直言切谏，在汉哀帝面前据理力争，表达自己的观点。每当听见郑崇的脚步声，汉哀帝就心里一紧，知道他又来进谏了。汉哀帝还曾玩笑着说：“我能听出郑尚书的脚步声。”所谓“我识郑尚书履声”。后来，人们亦以“郑履”来指代那些清正廉洁、敢于强谏的官吏。

一开始，汉哀帝尚能虚心接受郑崇的一些谏言，久而久之也逐渐感到了厌烦。而此时的郑崇似乎毫无察觉，甚至“得寸进尺”地在两件大事上触了汉哀帝的逆鳞。

建平四年（公元前3年），汉哀帝打算封其祖母傅太后的堂弟傅商为侯，郑崇听闻此事后，立刻到汉哀帝面前进谏：“皇上，太后的亲属中已有多人被封侯，傅商无功被封是破坏制度、不得人心之举，会给国家招来祸端。臣这次进谏，是赌上自己的性命为国家抵挡灾难啊！”郑崇的这番言论惹恼了傅太后和汉哀帝，汉哀帝执意将傅商封为汝昌侯，心里也对郑崇有了芥蒂。

紧接着，郑崇又因汉哀帝过分宠幸董贤之事进谏。董贤是汉哀帝的男宠，深得汉哀帝的宠幸。在劝阻汉哀帝的过程中，郑崇言辞过于直接激烈，汉哀帝对他更是不满，多次以其他公事为借口斥责郑崇。之后，郑崇再也难得汉哀帝的信任。

郑崇秉公办事的耿直作风也让他在官场举步维艰，见风使舵的同僚趁机落井下石。尚书令赵昌上书汉哀帝，说每天都有很多人上门找郑崇办事，他家热闹得如同集市一般，并指控他与宗族有所勾结。

汉哀帝命郑崇前来对质，郑崇坦然答道：“臣门如市，臣心如水。愿得考覆。”意思是，虽然确实有很多人来我的家中求我办事，但我廉洁自守，清白如水，希望皇上明察！

可是，无论郑崇如何自证清白，也免不了被治罪下狱、身死牢中的结局。后来，“臣心如水”四字便被人用来比喻为官清廉，也是对这位良吏的纪念。

穿越千年的共鸣

故宫博物院所藏的“臣心如水”青田石章，出自清代桂馥之手。桂馥是著名的文学家、书法家、篆刻家，他一生热衷治学，直到60岁时才被任命为云南永平县知县。

位于边陲的云南永平山高水远，环境险恶，远离家乡山东曲阜。在永平县为官的10年，是桂馥人生中最艰难孤独的日子。他常在诗文中表达这种煎熬的情绪：“边地山城小，衙斋古寺荒。苍苔缘榻上，怪鸟向人狂。箐谷夷獠杂，阴晴气候凉。不知家万里，夜梦理归装。”

尽管心中有些愤懑，但桂馥仍是毫不懈怠地担起知县的责任，着手整顿当地的不良作风，提高衙门的工作效率。永平是多民族杂居的县城，桂馥注重调节民族间的关系，十分关心百姓实际的生活问题。考虑永平因河流众多而水灾频繁，桂馥想尽办法疏浚河道，建造桥梁，解决了难题。作为文人，他也特别在意文化教育问题，不仅致力于学堂建设，还亲自到学堂讲课，为地方培养了一批人才。

桂馥在永平“为政宽简，辖境称治”，这段时间内永平经济文化的繁荣发展在历史上留下了精彩的一页。但桂馥终究无法再回到他的家乡，带着些许遗憾病逝于永平。我们无从得知桂馥是何时刻下的“臣心如水”章，但篆刻之时他的心一定与千年前的郑崇产生了共鸣，同样坚守着那颗清白为官之心。

为官者，当避“门如市”，更应“心如水”，面对诱惑，要有止水一般的宁静内心。

“强项令”挫洋脾气

刘永加

东汉光武帝时，洛阳令董宣将皇帝姐姐滥杀无辜的奴仆处死了，公主不依不饶。光武帝无奈，命人按着董宣的项部，向公主磕头道歉。结果董宣宁直不曲，死也不肯低下他的头，被光武帝赐了个“强项令”的美称。

清末也有这样一名“强项令”，他不仅刚直不阿，执法如山，而且对大部分国人都惧怕的洋人，依然傲骨如初，驳其骄横无理。

巧平“大人”称谓纠纷

附贡出身的徐赓陛曾在多地任县令，尤其是光绪七年（1881），他担任广州属下的南海县令后，与洋人打交道的机会多了，相应的涉外纠纷也多了起来。

鸦片战争之后，大清国门洞开。当时驻广州的外国领事馆很多，来到中国的洋大人们在羊城里跋扈至极。一班吃洋饭的无赖汉向洋人讨好卖乖，撺掇拨弄，洋人们竟然也想使用“大人”这个词，来体验中国官员的官威。徐赓陛就遇到了一个这样的法国领事。

最初，徐赓陛向法国驻广州领事发函，抬头称之为“贵领事”，这是再正常不过的外交辞令。可是那名法国领事却在复函中提出了无理要求：本领事职位等于贵国司道，贵国县令称司道曰大人，则阁下致函本领事，亦应称大人云云。

徐赓陛看到法国领事如此轻蔑的行径，立即致函予以反驳：“敝国县令之称司道为大人者，以其为司道也；贵领事职位等于敝国司道，而究非敝国司道。且‘大人’二字，亦何足为荣？敝国有一种书画家，无论为舆台仆隶作书画，皆称之曰仁兄大人。贵领事如必则以大人相称，则我即以此大人二字称贵领事，恐贵领事转滋不悦也。”徐赓陛的回复驳得法国领事哑口无言，他不高兴徐赓陛平起平坐地称他为贵领事，除退还公文外，还向徐赓陛的顶头上司广东巡抚裕宽告了他一状。

裕宽是个怕事尤其怕洋人的官僚，他立即通知徐赓陛前来抚衙，暗示他在公文上就称法国领事为领事大人，也不是什么大不了的事，千万不要惹恼洋人。徐赓陛接受完巡抚的训斥回县后，越想越不甘心，便再次亲拟一函给了那位法国领事。

大意是：之前乃公事交接，我本来想用“贵领事”的尊称以示隆重，没想到您非要用“大人”这种我国无职之人都可以用的名头。那么公私分明，公事照会，我依旧称您“贵领事”，私事书函我叫您“大人”，随您开心就好，毕竟我国谁都可以被称为“大人”。

徐赓陛的这次函信措辞不卑不亢，还很好地讥讽了法领事，此后这位法国领事便再无声息。

按程序办事没有例外

清末有一些在领事馆等洋机关做事的中国人，往往会利用洋主子势力自视高人一等，崇洋媚外，欺凌同胞。再加上那些软弱官僚，怕洋人、巴结洋人，遇到与洋人交涉便卑躬屈膝、诚惶诚恐。至于有无侵害国家权力或玷污国体，便毫不顾及了。徐赓陛可不是这类人。

广州沙面的荷兰领事馆，有个职员叫李凤岗，在洋机关做事久了，攒了一些钱，和人合伙在大新街开了一间玉器铺，招牌为“白宝源”。有一次，白宝源盘货的时候，李凤岗来到店中，发现有一批货件和现金是店中伙计任阿森经手的，似有吞没偷窃的嫌疑，便将其开除，并责令其赔偿。任阿森自知理短，也俯首认赔，但一个被开除的伙计失业后，有心无力，自然不能及时履行诺言。任阿森悔约，李凤岗不去县衙起诉，反借洋势力来施压官府，代他索偿。

当时，荷兰驻广州的领事叫布士兜，听了属下李凤岗的话，便写了一封信，附了李凤岗的禀帖，送到南海县衙，要求票拘任阿森及其担保人到案，追还银货。李凤岗以为当官的都怕洋人，有这么一纸洋文，哪有办不成的事！不料徐县令却不吃这一套。

徐赓陛接到布士兜的信后，不但没有照此办理，反而亲自提笔回复，有理有据地予以驳回：中国定制，官员逢三、八日当堂放告，人民亲身呈递状词，违者不予受理。李凤岗与任阿森，均系我国国民，如果任阿森实有盗窃李凤岗货银情事，亦系地方寻常失窃之案，并非中外交涉案件，何以贵领事官专函代递?

这封复函，同样是写得义正词严，不亢不卑，得体之极。既杜绝了外国人干涉内政的妄举，又给那借洋势力狐假虎威者以无情的打击。徐赓陛在广东南海做了十几年的知县，任上做了许多令人称快的事，其对洋人的“强项令”举动，受到了当地百姓的称赞。

古代官吏的拒贿诗

黄大贵

羊太守悬鱼拒礼

东汉时期，有位名叫羊续的清官，被皇上遣往庐江，升任太守之职。羊续简从赴任，到庐江任职没几天，便有一位下属官员前来送鱼，羊续再三拒绝不成，便令下人将活鱼悬挂在衙门口的屋檐之下。时值初夏，活鱼很快就死去，时有蚊蝇袭击，不几天就腐烂发臭，令人恶心，差役们不得不掩鼻而过。有班头出面请求取而弃之，羊续不准，终使臭鱼被晒成了臭鱼干。这故事一时在庐江市井街谈巷议，被平民百姓传为美谈。

明朝兵部尚书、诗人于谦得知此事，曾吟诗赞曰：

剩喜门庭无贺客，
绝胜厨传有悬鱼。
清风一枕南窗卧，
闲阅床头几卷书。

李学政暗夜拒金

明朝有位名叫李汰的学政，为官清正廉明。有一年，他奉命到福建去主持科举考试。有个不学无术的行贿纨绔子弟，趁夜深人静赶往李汰寓所，送上黄金及珠宝，李汰当场义正词严愤然拒纳。那考生却厚颜无耻继续软缠硬磨，说什么“夜深人静，无人知晓，还望大人看在同僚老父面上笑纳”……李汰盛怒之下，当场挥毫写诗一首：

义利源头识颇真，
黄金难换腐儒贫。
莫言暮夜无知者，
须知乾坤有鬼神。

写罢将狼毫掷之书案，拂袖令其速速退下。那豪门纨绔子弟碰了钉子，只得灰溜溜地离去。

吴纳题诗明志

明朝永乐年间，有一位名叫吴纳的监察御史，奉皇上之命巡察贵州。公事完毕返京，有贵州三司派人携黄金百两追赶到官船停泊渡口，进得船舱，见了吴纳纳头便拜，并呈上三司书柬一封。吴大人阅罢，当即挥毫在内装黄金百两的礼盒上题诗回拒，诗曰：

萧萧行李向东还，
要过前途最险滩。
若有赃私并土物，
任教沉在碧波间。

清 官 趣 闻

何家菊

“一钱太守” 东汉会稽郡太守刘宠，在任期间清正廉洁，政绩卓著，后擢升京城任职。离任时，会稽几位白发老人受百姓委托，来给刘宠送行。每人带来100枚钱给刘宠买酒喝，刘宠不肯收。

老人们一定要让他收下，刘宠只好从每人手里收1枚钱，老人们才称谢作别。人们知道此事后，纷纷称赞，并送刘宠一个美名：“一钱太守”。

“二不公” 明朝范景文历任兵部侍郎、内阁大学士等职。在任时，曾有许多亲朋好友登门求助，范景文一一谢绝，并在府门上贴了“不受嘱，不受馈”6个大字。从此，他被人称赞为“二不公”。

“三汤巡抚” 清朝康熙年间，汤斌任江苏巡抚。他为官清廉，被人誉为“三汤巡抚”，即为官清廉如豆腐汤，除弊去害如黄连汤，爱民若子如人参汤。

“五不准钦差大臣” 清道光十九年（1839）一月，道光皇帝任命林则徐为钦差大臣去广州禁烟。临去广州赴任前，为了革除官场弊端，林则徐亲自发布“五不准”文告，明令各地官员和他的随从人员都要严格执行。这“五不准”是：不准大办酒席迎送，不准馈赠礼品，不准惊动百姓，不准送钱给随行人员，不准安排华丽住房。

“四知先生”杨震

土　土

杨震，字伯起，弘农郡华阴县人，是东汉中期的著名学者，居官清正廉明，敢于和腐败作斗争，为名噪一时的清官。

杨震从小就很好学，刻苦钻研，博览群书，对于儒家典籍有着深入的研究，被当时的读书人称为“关西孔子杨伯起”。盛名之下，州、郡长官多次延请，都被他称病而拒，直到50岁时，才开始出任郡、州官。

大将军邓骘知晓杨震才情，举他为茂才，经4次调迁，任荆州刺史、东莱太守、涿郡太守等官职。在杨震赴东莱上任的途中，路过昌邑县，正巧县令是过去经他荐举的荆州茂才王密。故人相见，甚是欢愉。到了夜里，王密拿着10斤黄金，欲送给杨震，以报举荐之恩。杨震却对他说：“作为老朋友，我是了解你的，但你却不了解我，你为什么要这样做?”王密说：“黑夜里没人会知道的。”杨震正色对他说：“天知、地知、你知、我知，怎么说没有人知道?”王密惭愧地告退了。

杨震为人、为官公正廉洁，从不受私人请托，他的子孙也是粗茶淡饭，而他本人则不吃鱼肉，出外时不骑马坐车而步行，这和当时权贵们普遍追求浮奢形成鲜明的对比。时而也有亲友故旧劝他为子孙留置一些产业，他便反问道：“让后世称他们为清白吏的子孙，我把这个留给了他们，这难道还不够丰厚吗？”

元初四年（117），杨震被征召到朝廷任太仆，后迁升为太常。在永宁元年（120）位至司徒。就在这时，他同内宠外戚祸国殃民的行为展开了激烈的斗争。

安帝的奶妈王圣，依仗喂养安帝的功劳，其女儿伯荣出入宫廷，公然从事淫秽、贿赂等奸邪勾当。另外还因邓太后去世后，阎皇后受宠，她的兄弟都身居要职，外戚内宠开始掌权，结党营私，败坏朝政。杨震对此进行了坚决的斗争。他以史为鉴，对安帝直言进谏，并且在疏章中告诫安帝说：“妇人不得参与政事，应该让奶妈王圣出宫，与伯荣断绝往来，这样才能恩德两隆，请陛下割断对少年美貌的眷恋，专心致力于国家大事。对封官拜爵的事情要谨慎，对奉献的东西要减省，人役的征发应减少。使百姓不因隐居的贤士未被任用而叹息，士人不因为在乱世做官而后悔。繁重的赋税不会兴于当今，百姓不会因劳役不休而怨恨。模仿于古代的盛世，与前代的圣王比道德，岂不是很好吗？”这道奏章引起了安帝的恼怒，后安帝又把它交给奶妈王圣等人观看，王圣等大为愤怒。杨震开始同这帮新贵结下了难解的仇恨，为他此后的不幸遭遇埋下了种子。

延光二年（123），杨震为太尉。安帝的舅父大鸿胪耿宝向杨震推荐宦官中常侍李闰的兄长，被杨震拒绝了。耿宝便亲自拜访杨震，说道：“中常侍深受皇帝的信任，有意请您征召他的兄长做官，我只是传达皇帝的意思。”杨震说：“如果皇上有意让太尉、司徒、司空三府征召官员，那就应该让宫廷秘书、尚书直接通知才合乎朝廷的规矩。”耿宝大怒而去。阎皇后的哥哥执金吾阎显，也向杨震推荐亲友故旧，杨震同样也没有接受，这些事被司空刘授听到了，立即征召了李闰的兄长和阎显的亲友。过了一段时间，又提拔他们做了官。因此，这些内侍外戚就更加仇恨杨震了。

杨震前后所上奏章，都十分直率，切中要害，安帝无法反驳，但又不愿接受，心里非常不高兴。而一帮权贵对杨震更是恨入骨髓，只是因为杨震是一位很有名的大学者，才不敢贸然加害。

延光三年（124）的春天，安帝去泰山祭祀，中常侍樊丰等人乘机扩建住宅，大兴土木。杨震调查出樊丰等人伪造皇帝诏书，于是就写下揭发的奏章，准备上奏。正在此时，太史警告说，天上群星位置发生变化，而且反方向运行。樊丰等人便说杨震是由邓骘举荐做官的，邓骘全家被皇上处死后，杨震一直心怀愤恨。

安帝从泰山返回，派使节收缴了杨震的太尉官印，杨震便紧闭门户，谢绝所有的宾客。此刻，被杨震拒绝过的耿宝又上奏章弹劾，说杨震身为国家大臣，竟然心存怨恨。安帝下诏将杨震遣回他的家乡弘农郡，杨震举家离开洛阳。行至洛阳城西的几阳亭，杨震悲愤地对他的儿子、学生们说：“我痛恨奸臣狡猾，却不能铲除；痛恨近幸淫妇邪恶，却不能禁止，有什么面目见日月。”于是服下毒酒，自杀身亡，时年 70 岁。

杨震作为著名的学者、清官，以一身正气，不顾个人安危，与腐败分子进行了毫不妥协的斗争。其著名的“天知、地知、你知、我知，何谓无知!”已成为千古名言，为世人所传诵。

监督单靠一个“杠”字是不行的

手挥五弦

有一个说话耿直又喜欢怼人的下属是什么感受？这个问题可以采访一下晋武帝司马炎，他手下有个叫刘毅的官员，就是这么一个动不动就“杠”的人。

刘毅在晋武帝朝任过 6 年的司隶校尉，身负监察重任，对认为不正确的人和事提出批评，也是职责所在。其实在其他职位上，刘毅也是这样。刘毅生性刚直，说话从不拐弯抹角，完全不讲语言技巧。

这样的风格，虽让刘毅收获了不错的名声，但却限制了他职位的晋升。

“直”到让人弃官

刘毅说话直接到什么程度？连皇帝的面子也不给。

司马炎有一次在南郊祭天之后，问刘毅自己可以与汉朝哪位皇帝相比。结果刘毅回答道：只能与汉桓帝、汉灵帝相比。

当时的司马炎还没有羊车巡幸之类的荒唐事，行事还算比较谨慎，力排众议平定东吴的武功确实也值得炫耀一下，有了点骄傲的资本。

祭天之后的司马炎志得意满，这样一问无非是想听点赞美之词，但凡有点眼力的大臣，自然会顺势捧上一捧。刘毅却不愿奉承，反而把司马炎比作被认为是汉朝亡国之君的桓灵二帝，给兴冲冲的司马炎当头浇了一瓢冷水。

面对出言不逊的刘毅，司马炎并没有生气，只是有点不服气，质疑说：自己虽然比不上以前的圣主，但也不至于到桓灵的档次吧？刘毅毫不客气地再捅一刀：桓灵卖官鬻爵，钱总算还是收到了官库；您卖官鬻爵，钱却落入了私房。这样看来，您连桓灵还不如。

司马炎大笑，说桓灵在位时可没有敢这么直言的大臣，这样看来，我还是比桓灵强。司马炎给自己找了个极好的台阶，既解除了尴尬，还表现了足够的容人雅量。

怼皇帝都无所顾忌，那么其他人当然更不在话下。刘毅于咸宁四年（278）任司隶校尉，上任后整治权贵豪族的不法行为毫不客气，连太子入朝时鼓乐不合礼制都不放过，司马炎亲自下诏赦免这才罢手。铁腕之下，京师一带秩序肃然，司隶校尉部的郡守、县令等官员不堪重压，弃官的不在少数。

刘毅这样的行事风格，当时就被人比作西汉时以刚直著称的两位司隶校尉——诸葛丰和盖宽饶。而让管辖内的官员主动弃官，和后世任应天巡抚时下属纷纷望风辞职的明朝官员海瑞，也有点相似了。

只管“杠”就完了？

这种“孤直”品格向来被人欣赏，时论对刘毅当然也是不吝好评，赞他敢说敢言，刚直不阿，是官员典范。然而在后人眼里，慢慢地也有了不同看法。

王夫之就认为，刘毅只是给自己博取好的名声，却没有为国家干成什么实事，不值得褒扬。刘毅是不是有意求名不好说，但确实在实干方面很欠缺，他那行事风格恐怕也难以办成什么实事。

刘毅的最大优点和最大缺点都是太直，不看对象一律“杠”。如果说对待其他官员和下属，以威压人还能管得一时，那么对上司提意见完全不讲语言技巧，恐怕效果就欠佳了。

刘毅当面批评司马炎治下的官位成为商品，挑出这个问题不能说错，但方式实在太过生硬。本来正确的意见，非得用最难听的话说出来，似乎不逆耳就不是忠言，实在没有必要。这样“杠”上级，很容易让对方恼羞成怒，若碰上个心眼小的皇帝，坟头草只怕都几尺高了。

司马炎虽然没有动怒，但终究还是不太认可刘毅的结论，卖官的具体问题，当然也就一笑而过了。那么从结果来看，刘毅的做法就有点为批评而批评的味道——我只管提意见，你听不听得进去那就不是我的事了。

而从刘毅管的事来看，似乎也过于严苛了。

竹林七贤之末的王戎在朝任侍中时，有地方官员送了100丈细布。王戎并没有收受，但回了一封感谢信，结果被刘毅弹劾。最后官司打到司马炎那里，皇帝亲自裁定王戎无过错。

刘毅自己接近道德洁癖，甚至对家属也不放过。他散斋期间生病，妻子不放心，前来探视。由于此举不合礼法，刘毅斥责不算，还当即奏请治罪妻子。大部分人终究不是圣人，标准定得太高，人人动辄得咎，那就有点过犹不及了。

刘毅还有一个毛病，就是有批评没建设。作为司隶校尉主要负责监察时还可以，但后来转任尚书左仆射抓具体政务还是如此，不是实干的样子。

刘毅上疏陈述选人用人上存在的流弊，提出废除现行的九品中正制。疏奏中罗列的八大损政之道，看上去有重复和交杂的感觉。虽说略有拼凑之嫌，基本上也还符合实际。但最大的问题，就是没有提出解决办法。

身为尚书左仆射，选人用人工作正是分内的事，建议废旧立新没有问题，可应拿出新的方案来啊，哪怕只是个初步设想也好。刘毅只说不行，不说怎么才行，像个刚入职的新手，让决策层也不好决策。反倒是随后附议的卫瓘、李重等人，在疏奏中提出了建设性的意见。

“未至公辅”

刘毅凭借刚直这一招牌出来做官，名声是越来越大，但官职却常年没有变化。

有人认为是因为刘毅忠于曹魏，被司马氏猜忌而不受重用。理由是当初司马昭在曹魏实际掌权时，刘毅曾经拒绝征辟，只是害怕被治罪才出来任职，证明刘毅有亲魏倾向。

这个说法不大令人信服。刘毅本来是汉朝皇裔，如果感情上要有所亲疏，恐怕更应该倾向于晋朝才对，毕竟曹魏才是夺了汉家天下的仇人。何况刘毅在晋朝为官，严格律己，直言不讳，不讨好人只会得罪人，实际效果如何不谈，出发点还是为公的。

其实原因没那么复杂，说白了就是刘毅这种风格太不讨人喜欢，《晋书》中“然以峭直，故不至公辅”的说法并没有错。

刘毅向来就是如此，与天下是谁家的没什么关系。他年轻时就仗着自己品行好，喜欢批评别人，有点身份的人只好惹不起躲得起。

曹魏时，刘毅在平阳郡任职功曹，不遗余力淘汰郡吏，名声盖过太守。后来任司隶校尉都官从事，要求弹劾河南尹。上司司隶校尉一片好意，担心他遭到报复而不同意，但刘毅似乎并不领情，反而认为上司为难自己，一怒之下弃官而去。

这样的暴脾气，刘毅一直保持到在晋朝为官，还是一言不合就开撸，专门捡不中听的说。司马炎以皇帝之尊，都连连吃瘪。问题是刘毅说的话还挑不出毛病，又是一心为你好，再不顺耳，却也只能听着。为了体现皇帝的肚量，有时候还得下诏勉励一番。而因为一些琐碎事情弹劾其他官员，动不动就闹到御前，这种事情搞多了，司马炎也觉得烦。

就算司马炎想提拔刘毅，恐怕也会有不少阻力。对于这样一个铁面司隶，文武百官自然也是敬而远之，不会乐见刘毅高升，给自己找更多不愉快。若是刘毅官拜三公，恐怕干劲更足，搞不好还会引来其他人效仿，那日子就更不好过了。

然而对于司马炎来说，又必须得有这么一个人，时不时敲打一下手下官员，让他们有所敬畏。基于这样的心态，司马炎对刘毅的任用原则大概是既要重用，但又不能太过显赫，那么在司隶校尉和尚书左仆射这样的级别还是合适的。

太康六年（285）刘毅去世，司马炎闻讯大惊，连呼损失一位名臣，可惜没有让他在生年成为三公。但后来有人提请给刘毅评定功绩并破例加谥号，在高层会议多数人同意的情况下，司马炎最后还是没有批准。死后的哀荣都不想给，何况生前的名位。

趣话拒贿

土 土

官打送礼的

南北朝时，南朝的中书通事舍人顾协，虽位高权重，但清正廉洁，对贿赂者恨之入骨。有一次，昔日学生给他送了 2000 钱，他怒不可遏，竟将其重打二十大棍赶了出去。顾协对众人说："送礼纳贿，必然徇情枉法。吏治怎能清明?"顾协当中书通事舍人达 16 年，一尘不染，居一陋室，四壁徒空，除少许日用家具外，别无余物。

厚谢婉拒

宋代刘温叟在朝中身居要职。一个自称门生的人送他一车粮草，刘温叟一时盛情难却，当即答谢回赠他一套华丽高贵的衣服，其价值高于一车粮草的一倍，那人达不到送礼行贿的目的，只好汗颜而去。

让送礼者“曝光”做到惩一儆百

清代大臣于成龙于康熙十九年（1680）晋升为直隶巡抚。许多趋炎附势之徒想送礼行贿他，于成龙都一一谢绝。大名县县令因循陋规，在中秋节前夕，向他送了一份厚礼。于成龙大为恼火，严词拒收，还特地颁发了《严禁馈送檄》通报了大名县县令送礼的丑事，并明令所属官吏今后发现逢节私相送礼，一经查出，决不宽恕。

管好自己的亲属

明朝洪武末年，王溥在广东任参政。有一次，他的弟弟从家乡来探亲。旅途中，其弟与他的一位下属官员同船，那官员为讨好王溥，送给他弟弟一件锦袍。王溥知道后，便叫弟弟立刻把锦袍送还原主。王溥严肃对弟弟说：“一衣虽微，不可不慎，此污行辱身之渐也。”

张九龄，好似唐朝分水岭

清风慕竹

在广东省韶关市有一条繁华的街道，名叫“风度路”，是为纪念唐朝宰相张九龄而命名的。张九龄是韶关曲江人，唐玄宗的丞相，也是历史上第一位担任丞相的岭南人。清初著名思想家王夫之称赞他为“当年唐室无双士，自古南天第一人”。他不仅是一位才华横溢的诗人，更是一个出色的政治家。

文场的元帅

张九龄是西汉留侯张良之后，西晋开国功臣张华十四世孙，祖辈世代都是做官的，这种家族积淀让少年聪慧的他从小耳濡目染，眼界心境远超同龄人。

相传7岁那年春天，他随家人游宝林寺，巧遇韶州府太守率州衙官员进香朝拜。张九龄进寺前曾折了一枝桃花，见太守来，便藏在了衣袖里。太守见九龄活泼可爱，便逗他说：“我出个对子，若对上，就给你供果吃。”张九龄一点也没害怕，说：“好啊！”太守早看到他袖藏桃花，就出了个上联“白面书生袖里暗藏春色”。张九龄不加思素，接口应道“黄堂太守胸中明察秋毫”。太守一惊，没想到眼前这个小孩能这么快对上来，想难为难为他，又出一对“一位童子，攀龙攀凤攀丹桂”。张九龄抬头看到面前有三尊大佛像，应道“三尊大佛，坐狮坐象坐莲花”。太守不住地点头：“此子日后定非等闲之辈。”

长安二年（702），张九龄到都城长安参加了会试考试，结果在21名进士中名列第一。榜单一公布，引起一片哗然，那些落第的考生纷纷上告，说考官不公平，一个来自蛮荒之地的考生，有什么资格当状元呢？此事惊动了皇帝，下诏重新考试，结果虽然增加了一些进士名额，但独占鳌头的依然是张九龄。这一下，众人哑口无言，无人敢再说什么。那一年，张九龄24岁。

“宝镜”给皇帝祝生

张九龄备受皇帝器重，但他并不迎合皇帝，而是把直言劝谏当成了自己的使命。八月初五，玄宗过生日。群臣纷纷在金殿上道贺，献上自己的一份礼物。张九龄的礼物是一个包裹得严严实实的布包，他高声说：“臣敬献陛下一方宝镜。”可当他将布包打开时，有人一下子笑出了声，那不过是5册书，哪里是什么宝镜。

原来张九龄看到唐玄宗有些怠于政事，安于享受，于是埋首书案，耗时数月，撰写了《千秋金鉴录》，把它当作生日礼物进献给皇帝。这部书引经据典，从历史的治乱兴衰事例出发，探究其中的经验与教训，给唐玄宗敲响了警钟。玄宗非常高兴，连声称赞这是他收到的最好的生日礼物，并且赐给张九龄一批珍贵书籍。

还有一次，唐玄宗在内苑大宴群臣，酒喝得很高兴，他突然来了兴致，领着大家去观鱼。玄宗说：“众位爱卿，你们看，这些鱼儿多么漂亮可爱!”李林甫最善察言观色，马上接口说：“它们过得自在，是因为陛下恩泽所及啊。”张九龄一听就不高兴了，正色道：“鱼儿就如同百姓，它们能不能生活自在，得看陛下任用什么样的人来管理他们。观鱼自乐这样的事儿，只是装点景致而已，是小儿女玩的情调，希望陛下不要过分沉溺其中。”一句话，像兜头一盆冷水，浇灭了玄宗的兴致。他悻悻地扭头走了，一场聚会不欢而散。

张九龄不光是让皇帝大煞风景，有时简直就是和皇帝“对着干”，只要是对国家、百姓无益的，他坚决劝谏。范阳节度使张守珪长期镇守边疆，又因抵御契丹入侵立下大功，玄宗打算升任他为侍中，张九龄反对说：“宰相是代替天子来治理天下的，有了当宰相的人才后，才能任职，不能用它来奖赏功劳，历史上那些国家的败亡，多是由于官员不称职和奸邪所致的。”玄宗解释说：“不过是给他一个空名而已，有什么大不了的呢?”张九龄说：“名器，是不可以假借的。假如有人平定了东北二虏，那陛下加他们什么官呢?”玄宗无言以对，只好作罢。

断言安禄山必反

张九龄善于识人，孟浩然、王维等一大批出类拔萃的人物，都曾得到过他的提拔。他预测未来的准确性更令人惊叹。

开元二十四年（736），安禄山任平卢将军，在讨伐契丹时打了败仗，范阳节度使张守珪将他逮捕，押赴京城，建议将其斩首。张九龄时任宰相，见到报告后，当即批示：“过去穰苴出师，斩杀误期的庄贾，孙武训练士兵，斩杀不听令的宫嫔。现在张守珪行令军中，安禄山不宜免死。”此前，安禄山进京面圣时，张九龄曾见过他一面，之后就对侍中裴光庭说："将来祸乱幽州的人，一定是这个胡雏儿。"然而唐玄宗却不这样想，传旨特赦了安禄山。

张九龄一见，非常着急，在庭上争辩说："安禄山狼子野心，貌有反相，应即刻斩杀，以绝后患。"玄宗最终没有听取张九龄的意见。

天宝十四年（755），被张九龄断言"必反"的安禄山果然掀起了"安史之乱"，叛军一步步逼近长安，唐玄宗不得不仓皇出逃四川，一路风餐露宿，困苦不堪。此时，他想起了张九龄当年的劝告，悔恨得不禁潸然泪下。此时张九龄已然病逝，唐玄宗专门派出使者，到曲江张九龄的墓前祭奠，还赠厚礼抚慰其家属，表达自己的敬意。从此以后，天下都称张九龄为"曲江公"。

唐朝由盛而衰，张九龄好似一道分水岭。宋人晁无咎曾经感叹说："九龄已老韩休死，无复明朝谏疏来。"唯其如此，张九龄才格外让人怀念。

杜暹：尚俭宰相　廉能安邦

陈　良

综观杜暹一生，其亮点就是廉俭。所以，《旧唐书》称赞他“清风肃然”“远财劾奸”“清白垂美简史”，还将他与卢怀慎、李元纮并称“三君子”。

唐玄宗开元四年（716）某日，几名西突厥人骑马飞奔在苍茫的荒漠之上，试图追赶来自大唐朝廷的使者，以便送上一包金子。他们在荒漠中渐行渐远，怎么也看不见使者的身影，只好停止追赶，转身返还。

他们要追赶的使者叫杜暹，身为监察御史，被朝廷派往调处安西副都护郭虔瓘与西突厥可汗阿史那献、镇守史刘遐的关系。

当时西突厥属于安西都护府辖区，地处都护府治所龟兹（今新疆库车）西北。杜暹奉命前往安西，先到西突厥调查。朝廷使者来到，阿史那献摆出丰盛宴席，并拿出很多金子赠送。对此，杜暹再三推让不肯接受。随行人员见可汗面有难色，便轻声对杜暹耳语：“公远使绝域，不可先蕃人情。”

杜暹点头会意，只好暂时收下金子。宴尽人散之后，杜暹带着金子来到下榻的幕帐，等夜深人静了，就叫手下人把金子悄悄埋藏于地下。公务完毕，杜暹一行就离开这里。行至半路，再用公文通知突厥人，叫他们取回埋藏在幕帐下的金子。可汗得到消息，派一班人马带上金子追赶杜暹一行，于是就出现本文开头的情景。

起初，杜暹以考取明经出仕，任婺州参军。当他期满离任时，同僚们赠送他一万张好纸，他只从中取一百张，以示领受这些同僚的情谊，其余的都退还给人家。同僚们见杜暹退还纸张，开始时迷惑不解，知道原因后，无不敬佩他的廉洁。

从安西调停归来，杜暹仍在朝中为官，但杜暹在突厥人及其他各族人民心中留下良好印象，他们对杜暹的清正十分敬佩，所以希望他能到安西任职。张孝嵩离任安西副都护的时候，把当地人民的这种意愿报告朝廷。杜暹当时正为继母守孝，被唐玄宗破例起用，擢拜为黄门侍郎兼安西都护府副大都护、碛西节度使。

带着朝廷的重托与百姓的期望，杜暹再次踏上通往西域的道路。这一次，他是作为安西最高军政长官而来的。当时安西地域辽阔，多民族混杂一起，各国商贾川流不息。杜暹镇守一方，奉公守法，严于律己。无论是与诸番王、官吏来往，还是与各国使者、客商打交道，他始终保持君子风范。

开元十三年（725），于阗王尉迟眺“阴结突厥及诸蕃国图为叛乱”，杜暹暗中探知，果断发兵征讨，斩杀尉迟眺，诛其党羽50余人，另立于阗王，及时稳定西域局势。朝廷因此加授他光禄大夫。杜暹在安西任职3年，治理有方，公正廉明，深受当地民众爱戴，也赢得朝廷信赖。开元十四年（726）九月，杜暹应召回朝，被任命为宰相。

杜暹做了3年宰相，因与另一位宰相李元纮不和，两人同时被罢相。开元二十年（732），杜暹任户部尚书。唐玄宗将要巡幸东都，诏令杜暹为京城留守。为了维护京城平安，杜暹抽调轮流值勤的卫士，修缮三宫，加固城墙，他亲自巡查，从不懈怠。玄宗后来闻知，欣然赞美他说："卿一向清廉正直，又勤勉能干。自从担任留守，事事都能尽职，治政肃清官吏，恩惠施及百姓。朕心里十分欣慰。"

的确，无论是做地方官，还是在朝为官，杜暹始终不移清廉之志，白璧无瑕，没有污点。8年后，杜暹病重弥留之际，仍叮嘱儿子杜孝友，在他死后不要收受别人赠送的财物。杜暹去世后，唐玄宗赐给其家属绢300匹，百官及亲友赠送的礼物也很多。杜孝友遵从父亲遗嘱，一概婉拒退还。

综观杜暹一生，其亮点就是廉俭。杜暹为官清正，活着能赢得包括少数民族人民在内的世人尊敬，死后更是在青史留下清白美名。《旧唐书》称赞他"清风肃然""远财刻奸""清白垂美简史"，还将他与卢怀慎、李元纮并称"三君子"。《资治通鉴》称开元时期所用宰相的特点时说："姚崇尚通，宋璟尚法，张嘉贞尚吏，张说尚文，李元纮、杜暹尚俭，韩休、张九龄尚直，各其所长也。"

颜真卿："颜骨"亦铮铮

枕星子

建中四年（783），淮西节度使李希烈拥兵叛乱，攻陷汝州。唐德宗听从宰相卢杞谗言，派已是75岁高龄的四朝元老颜真卿前去劝降。面对尖刀、谩骂和恐吓、利诱，颜真卿不曾屈服，最终被拘禁直至被缢死。后来，唐德宗称："（颜真卿）拘胁累岁，死而不挠，可赠司徒。"

这是颜真卿人生中最壮烈的片段，但今人一听颜真卿，大多都只知"颜筋柳骨"，赞叹的是颜真卿书法的筋健洒脱，却不知"颜骨"亦铮铮。

守平原　收复河山

颜真卿出生在声名显赫的琅琊颜氏家族，自幼勤于学业。唐代素有"三十老明经，五十少进士"的说法，颜真卿26岁就以甲科进士及第，入朝为官，足以见其学识出众。但直到不惑之年，颜真卿才因为在安史之乱中的表现被唐玄宗第一次注意到。

天宝十四年（755）十一月，盛唐的荣耀与光芒仿佛在一夜之间破灭。前不久还口口声声称杨贵妃为母，实际上也是认唐玄宗为父的安禄山，在范阳起兵造反。河朔各郡县在势如破竹的铁骑之下溃不成军，颜真卿把守的平原城却防守严密，固若金汤，让叛军无从攻克。唐玄宗得知后，终于在悲痛之中找到一丝安慰："朕不识颜真卿形状何如，所为得如此！"

安禄山的反叛之心，很多人都有预感，但他们都心怀侥幸，沉浸在万国来朝的荣光中，以为无人能撼动盛唐的根基。但颜真卿没有一丝松懈，到平原郡任职后，以连降大雨，需要预防灾害为由，囤积充实粮草，调集民工增高增厚城墙，加深护城壕沟，并在暗地里抓紧训练士兵。表面上，他又大张旗鼓地邀约了一些文人雅士和他整日泛舟饮酒、吟诗作赋，做出一副游手好闲、醉心山水之乐的样子。

安禄山真以为平原是书生当政，不足为虑，完全没有把颜真卿放在眼里，谁知一路捷报频传的叛军就偏偏在颜真卿这里摔了一个大跟头。

与此同时，颜真卿的堂兄颜杲卿镇守常山郡，与颜真卿商议组织义军，分兵牵制叛军，并设计擒获斩杀了李钦凑等多名叛军首领。常山、平原二郡军威大振，多郡兵将闻声归附，收复了不少失陷郡县，成功打开了局面。

天宝十五年（756）正月，被颜氏兄弟弄得很是恼火的安禄山派史思明攻打常山郡，颜杲卿求救未果，孤立无援，只得昼夜防守，拼死作战。但城内物资兵力毕竟有限，几日后，还是免不了陷落的悲剧。颜杲卿的儿子颜季明当场被杀，而颜杲卿则被叛军掳至洛阳。

安禄山造反，原本算是被他提拔至太守的颜杲卿并未跟随，反而处处阻碍，在他看来这是背叛。面对责问，颜杲卿说："我颜家世代都为大唐的臣子，向来坚守忠义，现在更是恨不得杀了你以谢天子，怎么可能跟着你这羯奴一起叛乱?”安禄山十分愤怒，让手下活生生地割掉他的舌头，但他仍大骂不止，直至气绝。后人以“常山舌”为典，纪念颜杲卿刚直不屈的气节，文天祥也在《正气歌》中写道:“为张睢阳齿，为颜常山舌。”

两年后，颜季明的头骨被颜真卿寻回，悲痛之中，颜真卿写下了《祭侄文稿》，“贼臣不救，孤城围逼，父陷子死，巢倾卵覆”，字字泣血惊心，被誉为“天下行书第二”，与王羲之的《兰亭序》、苏轼的《黄州寒食帖》齐名。

斥叛臣　慷慨赴死

安史之乱后，颜真卿平叛有功，宦海中沉浮多年，因其行事正派、不畏权贵得罪了不少人。建中四年（783），淮西节度使李希烈再度叛乱，素来与颜真卿有嫌隙的宰相卢杞趁机向唐德宗建议，派颜真卿前去劝降。表面上说得好听，赞扬颜真卿四朝元老，为人十分正直，颇受天下人的尊重，若是他前去劝说李希烈一定会成功。

但实际上，满朝文武皆知卢杞不怀好意，颜真卿这一去基本没有回来的可能，纷纷私下劝他不要去送死，不如安稳地得一个善终。颜真卿当然知道此行凶多吉少，可在他看来，这是皇帝的旨意，这是为国挺身，即便就此身死敌营也是应该的，何况自己一把年纪了，没什么好怕的。于是颜真卿在临行前将家里的一切都安排妥当，做好了不再归来的准备。

到了李希烈军中，李希烈先是放任身边的人对颜真卿极尽谩骂恐吓，又以宰相的职位利诱其归顺。活埋、火烧……面对种种威胁，颜真卿皆不为所动，多次指着李希烈的鼻子斥责他有负于国家。李希烈拿他没办法，又不想随便杀害这位德高望重的老臣，只好一直将他拘禁扣留，直到兴元元年（784），才在一次恼怒冲动之下，将他缢死。

不依附　著节千古

乱世之中，颜真卿能以书生身份率军守城、收复山河，形势稳定之时更能不畏权贵，坚持清正为官之心。

开元年间，颜真卿以进士及第的身份经过铨选，踏上了仕途。多次晋升后任监察御史，奉命巡察河东、陇州。当时五原有一起冤案，颜真卿行至此地，调查清楚后很快平反了冤案，恰逢久旱无雨的五原突降甘霖，百姓都认为这是颜真卿的功劳，称为"御史雨"。当然这只是一个巧合，但颜真卿的为官之才和百姓由衷的爱戴也不言而明。

按理说，颜真卿的家世和才能足以支撑他在仕途上一往无前，但当时朝中大权落在杨国忠手中。颜真卿有自己的原则和骄傲，不愿与杨国忠这等不学无术、全靠钻营攀爬的小人为伍，一来二往就将杨国忠得罪了。杨国忠自然容不得一个不仅不巴结自己还百般"挑衅"的人留在朝中，找了个借口就将颜真卿排挤出长安，到平原郡任太守了，但也正是在这里，颜真卿以御敌之功名扬大唐。

壮年时临危不惧、苦守孤城；暮年时坚贞不屈、持节殉难。其实颜真卿在世和去世后的很长一段时间里，他都是以这样忠正之臣的形象存在，直到北宋，人们才慢慢开始从书法的角度再次认识了他。

人们常说字如其人，有一定的道理。颜真卿的楷书端正劲美、气势庄严，行书豪壮洒脱、遒劲舒和，其筋骨可不正如他本人吗？尽管随着历史的漫长演进，书法史上拥有崇高地位的颜真卿逐渐掩盖了壮烈赴死的颜真卿的光芒，但他的为国之心与铮铮铁骨不应被遗忘。

“儿孙自有儿孙福”

萧源锦

唐中宗时，刑部尚书李日知辞谢了皇帝赏赐的良田百亩、黄金千两，清风两袖，告老还乡。

妻子见丈夫突然归来，又惊又喜，得知丈夫不是回家省亲而是告老还乡时，便埋怨说：“你倒回家来享清福了，你不想想，我们那3个儿子都还没有一官半职呢！”李日知不解地问：“这与我告老还乡有何关系？”

妻子气冲冲地说：“关系大着呢！俗话说‘朝里有人好做官’。你当大官，儿子们将来也好托福谋个前程，如今你辞官不做，没有大树庇护，他们日后靠谁呢？！”

李日知严肃地说：“我身为朝廷命官，食民俸禄，自当奉公守法，为民楷模，怎能以私废公，为儿孙谋取官禄呢！”

妻子见丈夫义正词严，自知理亏，便口气缓和地说：“那儿子的前程你就不管了么？”

李日知说：“夫人是知书明理之人，你看从古到今有哪个官家子弟是靠父兄权势而成为有用之才的？古谚曰‘儿孙自有儿孙福’，你就不要太操心了，让他们自己去创基立业吧！”

妻子见丈夫句句在理，也就不再埋怨了。

李日知的 3 个儿子后来全都成为有出息的人，但都是靠自己的努力取得的成就。

“纤夫县令”何易于

舒　炜

欧阳修经过多方了解、印证，对于那些当政者不能赏识、提拔何易于，越加气愤。在《新唐书》中，他执意打破正史一般只为高官大吏立传的传统，破例为这个小小的县令何易于立传，何氏之名方能流芳百世。

唐武宗会昌五年（845），朝廷对内裁汰冗员，对外连赢了回鹘几仗，风雨飘摇的王朝有了一点中兴的迹象。这一日，中书舍人孙樵奉命前来利州府益昌县（今广元市昭化区）考察官员实绩，但或是因为穿着过于醒目，半路上竟被一群老百姓拦下，不让走了。

“皇上下诏考察各级官员，何大人为什么才得个‘中上’？可得给我们益昌老百姓一个说法。”

“何大人是谁？益昌县令不姓何啊！”经下属提醒，孙樵才知道老百姓说的是上任县令何易于。按唐朝规定，对各级官吏实行三年一考核的制度，若是得了上等，即可升官，得了中等仍可保官，得了下等就有可能丢官，而每个县令的进退留转，都需要皇帝亲自决定。何易于几年前得了个“中上”的评价，已平调到了罗江县。

身为中书省要员，孙樵曾到全国州、县考察官员数次，从未遇到老百姓为前任地方官鸣这种不平。到底这些人是何易于的托儿，还是真的有隐情，孙樵想，这可得了解清楚。

让顶头上司尴尬

孙樵是个老江湖，他深知当朝考察官员的标准无非就是催征赋税的效率、征发劳工的多寡、缉捕盗贼的数量。当然，还要能讨上级喜欢。他只大概记得，考察材料中何易于的每项分数都不是很高。

于是他开口问道：“你们的赋税缴纳情况如何?”对方带头的人答：“老百姓不能准时缴税时，何大人就向上级打报告，申请放宽期限。”孙樵皱了皱眉头，接着问：“那何县令监督老百姓出劳工的工作呢?”老百姓回答：“上级拨款兴修工程，资金不足要加派时，贫穷人家没钱，何县令就用自己的薪俸代穷人来交。”

孙樵的脸色更不好看了，又问：“那每年抓的贼有数吗?”答：“自何县令上任，益昌县多少年来没出一个盗贼。”孙樵将信将疑，但转念想到官场传闻，都说何易于狂放不羁，不会迎来送往，刚当上益昌县令不久，就把顶头上司给得罪了。到底是故作清高，还是刚直不阿呢？他沉吟片刻，决定去查一查，看看老百姓说的到底是不是事实。

何易于得罪上司利州刺史崔朴是怎么一回事呢？老百姓说来是很解气的，放今天来说就是一起行为艺术。

崔朴出身定州豪族，有游山玩水的雅好。话说有一天崔刺史游兴大发，带着一群宾客和手下从利州到益昌，沿嘉陵江游起船来了。春天水浅，需要纤夫拉纤而行。崔朴到了益昌境内，自然会通告何易于派人拉纤。等了半天没有一人前来，崔大人已是一肚子火。过了很久才来一“纤夫”，不是老百姓，而是一身农夫打扮的何易于，笏板还插在腰带上。没容崔朴发问，何易于已把纤绳搭到肩上，开船了。

崔朴忙喊停：“何大人，你身为一县之长，怎么亲自当起纤夫，老百姓去哪儿了?”何易于振衣作答：“春耕之际，全县百姓非耕即蚕，不得闲。为了不违农时，也为了不误大人的游程，只好由我这个闲人充当纤夫啦。”崔朴听了此话，据说是羞愧满面，弃船骑马回城。

不过，这件事情只是耳闻，并非亲见，孙樵还是将信将疑：他何易于一个县令这样让上级尴尬，真是不想为官了吗?

涂改皇帝诏书

孙樵在当地待了一段时间，也拜访了不少名士，更把衙门各种档案翻了个底朝天，一份茶税的档案引起了他的注意。

益昌又名葭萌，是第一个用茶叶来命名的郡邑，山多茶盛，老百姓经常采茶叶赚点零用钱。茶税恰恰是从唐朝开始征收的，朝廷知道后，自然不会漏过这里，于是下诏并明令地方官不得隐瞒、打折扣。何易于接到诏令后，对上级派来的官员说：“益昌是个贫困之地，老百姓采茶换得几文钱尚不可摆脱贫困，怎么还能加征他们的茶税呢?”

当读到何易于让上级派来的官员把诏书中关于加征茶税的条文划掉时，孙樵心中一惊：“大胆！这诏书也敢涂改，他真是疯子吗?”

孙樵接着档案往下看。当时那个上级派来的官员闻听此言，不仅大眼圆睁，说：“如果这样干，不仅我要掉脑袋，连你何易于也起码要判个流放之罪。”何易于正色说：“我难道为了保住官位，就不管全县百姓死活吗?！抗旨不遵的罪责由我何易于一人承担就是了！”说罢烧掉了张贴诏书的木牌，事情也这样僵住了。

对诏书涂改、焚毁，这可是杀头的大罪。好在当时朝廷派到利州来的观察使是个明白人，经调查研究，知道何易于此事不为自身，而是为民请命，便中止对益昌百姓加征茶税的诏令，烧诏书的事也就按下不表了。

孙樵觉得开始慢慢了解何易于这个人了，这应该是一个固执但却有趣的家伙。而老百姓对何易于的评价则是一致的高。据说穷人死后无钱以葬，何易于甚至拿自己的薪俸帮助其料理后事，而这类事，多得难以计数。

史书首次为县令立传

对于缴税的老人，何易于特别垂怜，总是向他们问寒问暖，还常常送给饭食，如果有人能给县里提出好意见，他更是将其视为上宾，特别招待。

按规定，县民打官司，一般情况下可由县丞处理，重大案件才需县令裁决。何易于当了益昌县令后，总要亲自过问，当场弄清双方的是非曲直，依法裁判，不偏不袒。卷宗记载，益昌县的大牢里整 3 年没有关过一个囚犯。

孙樵了解到这些情况后，有点难过，这样一位人品官品俱佳的官员，考察政绩时，竟然只得个“中上”！孙樵也想学着那群向他讨说法的老百姓，向朝廷讨个说法了。他挥笔疾书，写了一篇《书何易于》的官员考察笔记，让天下知道何易于。他还说了，在我之后，继续来记述何易于事迹的将是史官。

谁知一语成谶。何易于还是何易于，始终是那个倔脾气，并没有因孙樵的推荐晋升要职，仍然做着他的罗江县令。后来的宰相裴休也写过一篇回忆录，他当四川绵州（今四川省绵阳市）刺史时，其属下的罗江县县令就是何易于。一次裴休曾到罗江县调研，何易于居然只派了3个人接待他。

连宰相都肯定的人才，为何就得不到提拔？何易于一生最高职位也就是个县令。直到二百年后，何易于才终于等到了孙樵当年所说的“史家”。

这个人就是欧阳修，他在故纸堆中偶然看到了孙樵当年写的这则材料，大受感动，经过多方了解、印证，对于那些当政者不能赏识、提拔何易于，越加气愤。在《新唐书》中，欧阳修执意打破正史一般只为高官大吏立传的传统，破例为何易于立传，何氏之名方能流芳百世。

后世文人纷纷吟咏纪念，其中比较有名的是清代诗人张问陶那首《桔柏渡怀何易于》：“三水依然绕县流，唐家仙吏古无俦。榷茶独喜焚明诏，腰笏何妨引画舟。碑下耕农应堕泪，桑阴蚕妇不知愁。咸通旧史孙樵笔，常使行人重利州。”

曹邺怒题“官仓鼠”

土　土

曹邺，晚唐著名诗人，唐宣宗时当了洋州（今洋县）刺史。

曹邺从长安出发上任，走过秦岭栈道，沿汉江到了洋州。一路上他看到的是民不聊生的惨境。他细察民情，方知是地方官吏敲诈勒索，将无钱纳税者抓进大狱。乡亲们喊天天不应，哭地地不灵……曹邺暗下决心：到了洋州，一定要好好惩治一下那些鱼肉乡民的恶吏。

曹邺进了洋州城，城中也是一片破败景象，但州衙却修得豪华。跟他预料的一样，在衙门口迎接他的官员、士绅一个个肥头凸肚。

新官上任，刚好第二天就是鼠年元旦。那些官员、士绅为曹邺摆酒洗尘，桌上山珍海味、佳肴美酒好不排场。曹邺望了望桌上的菜肴，想到一路上所见百姓的疾苦，难以下咽。恰巧听闻“吱吱”一声，一只肥鼠窜过去了，他心生一计，端起酒杯说道：“列位，今日是鼠年元旦，有酒无诗不为雅。本官就以咏鼠为题，请列位各吟诗一首，以为酒宴助兴。”

这些官员、士绅多系胸无点墨之辈，哪会作诗！一时之间，面面相觑。其中一名叫赵别驾的士绅想表现自己，就开口道：“既然曹大人点题，小官也就班门弄斧了：十二属相鼠为首，鼠年说鼠最风流，五谷杂粮鼠爱吃，还有一招善偷油。”

曹邺听完，心中不由作呕，但嘴上却称道：“赵先生所言，倒也中肯。”

那一贯强征赋税、搜刮民财的钱税官，一听曹大人称赞赵别驾，不免妒忌，马上抢着说：“曹大人，小的也有一首鼠诗，恭请大人雅正。”他摇头晃脑地吟道：“万物精灵鼠为先，随机应变赛狐仙；虽然自己不耕田，香米白面吃不完。”

曹邺听罢，心中说：“听此诗句，看来这也是个贪婪之辈。”他没讲话，只微微一点头。

那个克扣兵粮、贪污饷银的李参军，虽然斗大的字识不了几个，却也爱出个风头。他见赵别驾、钱税官都吟了诗，也就站起身来，朝曹邺一抱拳，说道：“曹大人，卑职也来献丑，请大人评正。”他擦了擦油光光的嘴巴，清清被鱼肉塞住的喉咙，念道：“洋州老鼠真不少，鼠年夸鼠最为好，我学老鼠巧本领，鸡鸭鱼肉吃个饱。”

曹邺此时早已按捺不住满腔的怒火。他一拍桌子，说道：“听你等鼠诗，即知你等鼠行！想这洋州乃鱼米之乡，却被你们糟蹋得如此凄凉。你等不以为耻，反以歪诗信口雌黄，恨煞人也！来人呀，笔墨伺候！”差役们七手八脚端走碗盏，摆上文房四宝。只见曹邺手握巨笔饱蘸浓墨，大笔一挥，就写下了那首千古绝唱：“官仓老鼠大如斗，见人开仓亦不走。健儿无粮百姓饥，谁遣朝朝入君口。”写罢，他大喊一声“退席”，把一个个贪吏、恶绅全赶出了衙门。

后来曹邺察访民情，受理民状，严惩恶吏，打击土豪，让一个个“老鼠”罢官的罢官，入监的入监，洋州的百姓这才松了一口气。

两朝为相，死后不立碑

老　蔡

北宋名相范质是学而优则仕的代表，据说其 9 岁能文，13 岁通读五经，博学多才，名重当时。后唐长兴年间中进士，官至户部侍郎。

范质一生先后在后唐、后晋、后汉、后周、北宋为官，曾经担任过两朝宰相。他具有名臣风范，清廉耿直，是治国理政的一把好手。奈何身处动荡乱世，虽能自保，且屡受新主赏识，但毕竟未为故主尽节，成为其内心深处难以言说的隐痛，亦为世人所诟病。

让皇帝屈尊求贤的“笔杆子”

据《邵氏闻见录》载，范质中进士时，大名士和凝为主考官，因喜爱其文赋华美，辞章流丽，将其拔擢为一甲第十三名。既然喜欢其人其文，和大人为何不直接将范质列入三甲呢？老头有“私心”，他对范质说：“君之文冠盖士人，屈居第十三名，只是希望君能继承老夫的衣钵耳。”原来和凝昔日中进士时也是一甲十三名。听话听音，范质明白这是和凝有心要栽培自己啊。

范质不负厚望，一直在纷乱的五代时期担任要职，既勤勉又识大体。后晋时，契丹犯境，少帝石重贵命大将刘知远率领 15 名战将出征，出征前要下达诏令，少帝命宫人宣召诸学士起草文书，殿前值班的范质力谏，“此乃特急军情，恐外宣泄密”。于是自请单独起草诏令，所述内容事由皆称上意，因而倍受器重。

后周太祖郭威时为统军大将，每次征讨外敌时都特别留心朝廷文书，他很细心地发现诏书对仗工整，行云流水，更重要的是对军事问题的处理，奏答得体，符合机宜，于是忍不住发问：“这是谁的手笔?”手下答：“范质。”太祖叹道：“范质真乃宰相之材也。”

正是因为如此，知人善任的郭威邺城起兵夺取天下后，就一直留意范质的下落。因为战火纷飞，留在京师朝不保夕，范质早已隐匿于乡野。

郭威四处派人寻找范质，好不容易找到后，时值隆冬大雪，太祖亲自迎上前，脱下自己的御袍，披在范质身上，范质感动得热泪盈眶。士为知己者死，范质没有理由不把自己的平生所学和实现抱负的希望，寄托在这位宽厚仁义的新主身上。范质没有让太祖郭威失望，他殚精竭虑、夙夜奉公，一步步官至宰相，新朝渐露复兴气象。

修改律定规矩，杜绝酷吏横行

《事实类苑》载，范质初为宰相时，与冯道同朝为官，这个冯道就是中国历史上侍奉皇帝最多的，那个自号“长乐老”的著名厚脸皮之人。冯道自认为资格老、名望高，很是看不起范质这样的新人，总想着瞧范质这样的雏儿怎样在官场出丑。

范质初执事就定好了规矩，他曾对手下人说：“无规矩不成方圆，我等都是朝廷命官，断人生死，需认真办理公事，理应签表具名，但凡狱讼之事一定要事出有据，详备文书，字斟句酌，不能信口开河，为天下人嗤笑。”原本瞧热闹的冯道听后，不由叹服：“范公智识过人，举止得体，吾实不如也。”

对范质有知遇之恩的后周太祖郭威病逝后，世宗柴荣一如既往地器重他，正是在这个时候，范质做了一件在中国法律史上影响深远的大事。

显德四年（957），范质提出因为法律条例繁冗，轻重没有依据，官吏得以因缘为奸。于是，他上书世宗，建议修改法令，主持编纂了后周的《显德刑律统类》，简化了法律条文，明确了惩处力度。因此范质被誉为“刑法界鼻祖”之一。

关于这部法典，还有一个传说。说范质当初大隐于市时，有一天坐于街市之中悠闲饮茶，忽然有一相貌怪异之人上前叨扰，“相公别来无恙乎?”时值酷暑，天气炎热，范质手执一扇，上面偶书一句“大暑去酷吏，清风来故人”。此人讨要执扇，仔细观察，徐徐脱口而出：“世之酷吏冤狱，何止如大暑？公他日当深究此弊。”说完携其扇翩然而去。

范质怅然若失，苦苦思索其人话语，不由踱步来到一座庙宇，但见其中有一小鬼，其相貌正是茶摊所见之人，更令人惊奇的是执扇恰在其手，范质大异。后来后周太祖遍访民间，找到了范质，终获大用。范质进呈法律条令，杜绝了酷吏横行，也为宋代刑法提供了可资借鉴的范本。

矛盾中仍清廉自守，成就一代名相

范质丰神俊朗，气度伟量，时称名相。他有一句名言——“大凡世人能鼻吸三两醇醋者，即可为宰相”。就是说做人要有雅量，大肚能容他人难容之事。这句话似乎成了他一生遵循的为官箴言和真实的人生写照。

范质忍辱负重、委曲求全。他要是不能忍，也不会在5个朝代先后为官，更不会在朝代更迭时两度担任权重一时的宰辅。这里既有作为书生的软弱，也有一个士子在动荡年代的无可奈何。

世宗柴荣正值壮年却不幸早亡，临终托孤，让范质辅佐年仅7岁的恭帝柴宗训，并晋升范质为萧国公。世宗寄希望于范质尽心尽力绵延后周国祚，然世事艰难，就在世宗尸骨未寒之时，他的好兄弟赵匡胤发动陈桥兵变，直指立足未稳的后周君臣。

在生死存亡之际，范质的表现是懦弱的，至少他辜负了将他倚为股肱的世宗皇帝。赵匡胤回师京城后，范质、王溥等后周官员前往质问，影帝级的赵匡胤开始演戏，一把鼻涕一把泪地哭诉，说都是手下这批泼皮胆大不要命，将刀架到他的脖子上威逼利诱，才让他黄袍加身的。

见到赵匡胤身后凶神恶煞一般手执兵刃的家将，范质长叹一声，腿一软，带头向赵匡胤俯首称臣，山呼万岁。

作为后周宰相，范质的立场转变出乎意料的顺利，众人乐得顺水推舟，反对派顷刻土崩瓦解。赵匡胤不会忘了范质的拥立首功，仍然任命其为百官之尊的宰相，并一直对范质言听计从。只是读书人的脸面和内心的惶恐，恐怕只有在夜深人静时他的体会才更加深刻，此后，范质一直陷于深深的自责与不安之中。

客观地说，当赵匡胤军事政变成为事实，加之斧钺加身、性命难保之时，范质有选择吗？没有。一个手无缚鸡之力的书生，既于事无补，又改变不了现状，范质的选择是现实而功利的。但屈膝变节、忍辱负重是读书人内心难以释怀的痛苦和煎熬，范质此后一直活在这种灵魂的纠结之中，他虽然仍旧勤勉、长于公事，但他不能像昔日的冯道一样理所当然、心安理得。

《宋史》载，范质宋初任相期间，严于律己，始终不肯接受馈赠，甚至连皇帝的赏赐都给了别人，他这是求得一丝内心的救赎与平衡，这种痛苦，是一个良心未泯的士人留给我们的最后一点亮色，尽管苍凉、悲哀。

后来，太祖赵匡胤敕封其为鲁国公。也许是内心愧疚，也许是自求内心安宁，范质一辞再辞，太祖终不允。

范质最后一个官衔为太子太傅，这说明宋太祖还是看重他的品行和操守的，希望他能带出一个好的接班人。可是不久，范质却因病卧床不起。临终时，范质嘱咐儿子不要请求朝廷赏赐谥号，不要刻墓碑，自己一生的千秋功过，留与后人评说。

王安石的清廉与张居正的腐败

文仕全

北宋的王安石和明朝的张居正，是中国封建社会中两个著名的改革家。他们改革的目的都是补救当时千疮百孔的朝政，改革的道路同样多难坎坷，最后又都归于失败。但有一点是截然不同的：王安石被罢官后，仍得到朝野尊敬，即使同他的政敌，也有相当的友谊；而张居正则相反，死后两年，就被“追夺官秩，查抄家产，甚至要‘斫棺戮尸’”。二人结局因何如此不同？那就是王安石在大权在握时自律甚严，一生廉洁；而张居正却与之正好相反，他在反人家腐败的同时，自己却起劲搞特权、捞好处，为政不廉。

北宋王朝传至神宗赵顼继位，已历108年，朝政日益腐败，内忧外患，危机四伏。王安石受命于危难之时，立志通过改革，“均天下之财，使百姓无贫”。他在神宗的支持下，强制推行一系列改革法令，限制地主阶级对农民的盘剥，引起他们不满，所以保守派对王安石群起攻之。他们把天灾人祸、外敌入侵，甚至天象变化都说成是王安石变法的恶果。这样又哄又吓，弄得神宗没了主意，对王安石撤了又任，任了又撤，折腾了8年，改革终于失败。但是所有对王安石的攻击，不过是骄傲自大、侵官拒谏、不信天命、不遵祖制之类；即使对他攻击最凶的人，也没说他以权谋私、贪赃枉法。

王安石一生不讲究饮食好坏，不修边幅，不拘小节。吃粗茶淡饭，穿质朴衣服。作为一个封建社会的高官，如此行事，难能可贵。他身为宰相，罢相后隐居金陵（南京）郊外，只茅舍一处，聊避风雨，四周连围墙都没有。他自己买了一头小毛驴，常常骑着外出游逛。那时他的住地在城东七里，离钟山七里，称为“半山园”。有一次患大病，王安石以为自己将死，就把住宅捐给寺庙，却未死，病愈后，他未回茅屋，而是另租别人的房子住。他被贬后，还不时有人去探望他、慰问他，连政敌司马光及苏东坡，也对他很尊重。笔者以为，王安石的廉洁和人品好至少是他失势后仍颇受尊重的原因之一。

张居正这位明朝的政治家，官居首辅，其改革的决心之大，措施之有力，惩腐之敢于碰硬，足以与王安石媲美，但身后的境遇就大不一样。据史料记载，除了死后被“斫棺戮尸”，当皇上手谕传到江陵府，当地官员立刻将张家封门，几十口人都关在一个房里，不给吃喝，五天内死了十数位子侄，境况凄惨；而且当时人人都避之唯恐不及。当然原因很复杂，但重要原因之一是，此人心地不洁，在惩治别人腐败时，自己却大肆腐败；反对别人搞特权时，自己却大搞特权。

例如，张居正当政之初，曾制定一个官员外出住宿的规定，即《给驿条例》。规定官员非公外出、奔丧，不得住官立的驿站。因公外出不得超用车马，不得借出差旅游会友，不得利用职权沿途索礼受礼，不得向乡里进行摊派。这些规定，今日仍值得借鉴。一开始张居正确实是带头执行。他父亲过生日，他派仆人骑驴回家送礼，特别吩咐不得住驿站。但后来他回乡葬父，坐的是三十二抬的特制大轿，沿途地方官员郊迎郊送，还要呈上奠金，担负护卫任务的是特殊卫队，弄得朝野上下议论纷纷。张居正反对别人受贿，自己受贿却十分惊人。他做官前，家中只有田数十亩，他死后被抄家时，被没收的财物折合近 20 万两白银，另有良田 800 万亩。而他身为一品大员，月俸不过 87 石米，即使他不吃不喝，一生薪俸加起来，也只有两万两白银。

以史为鉴，可以知兴替。王安石的廉洁并没有感染继任者以继承，说明要保持廉洁之风，只有一人廉洁是不够的，而是要肃清整个环境。张居正的腐败，不只是个人的腐败，更是体制的腐败，他的教训是值得我们深思的。

北宋有个钱龙图

晏建怀

北宋自从“熙宁变法”后，朝廷上下风谲云诡，党争骤起，许多人的命运因此而改变，有的被谪贬海外，有的老死蛮荒。于是，见风使舵者多了，明哲保身者多了，说话怕遭弹劾，作文怕被抓辫子，士风早已不似当年。不过，尽管政坛残酷，士大夫中始终不乏有坚守本真和原则者，钱勰就是其中一位。

婉拒王安石拉拢

钱勰是吴越国最后一个国王钱俶的孙子。赵匡胤建立宋朝后，钱俶纳土归降，免去了一场血雨腥风的生死大战。钱俶归附以后，宋朝的历代皇帝都对钱家给予了特殊的优待，钱氏后代被屡授要职，如钱俶被多次加封为淮海国王、汉南国王等，其子钱惟濬出任武卫将军，钱惟演出任枢密使，其孙钱勰也官至龙图阁直学士。

早年，钱勰任流内铨主簿期间，虽然官职卑微，但能力很强，业绩突出，引起了宋神宗的注意。神宗单独召见他，与他交流政事和学问，惊喜之余，当面表示要提拔重用他。时任宰相的王安石听到这个消息后，赶紧安排弟弟王安礼找来钱勰谈心，说愿意推荐钱勰担任御史，颇有拉拢之意。对于钱勰这样一个七品芝麻官都算不上的低级事务官来说，宰相许诺提拔他为纠察百官的御史，无异于“天上掉馅饼”的大喜事。但是，钱勰的回答却让人大跌眼镜，他说：“家贫母老，不能为万里行。”

王安石看到钱勰不依附自己，便没有重用他，而是给他随便安排个职位了事。

出使高丽，坚拒礼金

钱勰当过外交官，留下了坚拒礼金的千古佳话。为了在抵御辽国的窥伺中争取力量，宋朝与高丽一直保持友好关系。神宗在位期间，曾多次派使节出使高丽。元丰六年（1083），高丽老国王归西、新国王登基，神宗派钱勰出使高丽，参加吊唁和登基仪式。辞行时，钱勰问为何选中他，神宗回答说：“高丽好文，又重士大夫家世，所以选卿，无他也。”

到达高丽后，高丽国王果然客气，除了安排钱勰吃好、住好、玩好外，还多次送重金给他，但均被钱勰一一拒绝。在回国的路上，高丽国王又派使者飞奔而至，一定要送给钱勰4000两金银。钱勰奇怪地对使者说：“在馆时既辞之矣，今何为者？”再次拒收。使者一听，立刻痛哭流涕说：“王有命，徒归则死，且左番（副使）已受。”

其实，当时士大夫出使没有几个不收红包，这是大家心知肚明的潜规则，他的副使早已坦然收受了。然而，钱勰却义正词严地回答说：“左右番各有职，吾唯例是视，汝可死，吾不可受。”

断案开封府

元祐初年（1086），钱勰以龙图阁待制出任开封知府。不过，开封知府从来不是一个美差，反而是个烫手山芋。因为开封府作为京城之治，到处是老奸巨猾的大官小吏和耀武扬威的皇亲国戚，这些人抬起杠、闹起事、违起法来，可比一般小老百姓难缠多了，就连开封府的小吏，也个个是使棒子的高手。

钱龙图走马上任之际，开封府有个老吏便给他来了个下马威，老吏知道钱龙图既廉洁又刚正，是个不开窍的榆木脑袋，便想弄点事累累他，让他无法旁顾。老吏把前街的混混、后巷的瘪三都找来，击鼓告状，几天下来，诉状多达七百份，堆积如山。

谁知，钱龙图思维敏捷，能力强大，随来随审，剖决如流，一月下来，无一件积案。那些平时横行霸道惯了的“官二代”“富二代”，都惧怕钱龙图的威慑，只好暂时收手；有些个案，哪怕是宰相批条子、打招呼，他也置若罔闻，照样从重、从快、从严，“宗室、贵戚为之敛手，虽丞相府谒吏干请，亦械治之”。由于钱龙图做事太认真，上至宰相，下至小吏，得罪的人真不少。后来，钱勰就在一片唏嘘声中，外调越州任职去了。

宋哲宗继位后，钱勰被召回京城，出任翰林学士兼侍读学士。当时的宰相是章惇，心胸狭窄，报复心重，凡是得罪过他的人，都被他毫不留情地收拾过。钱勰作为翰林学士，常常要为皇帝起草诏书，曾在给章惇的诏书中写下“鞅鞅非少主之臣，硁硁无大臣之节”的评语。

这评语虽然是皇帝审阅并同意的，但章惇却把这笔账算在钱勰头上，背地里发动御史不断弹劾他，钱勰因此被贬至池州，任期未满，便溘然而逝。

“白面青天”陈希亮

舒　炜

北宋仁宗时期，在包拯即“包青天”的盛名之下，朝廷中其实还有一个四川眉州的“陈青天”存在。

1030年是北宋天圣八年，契丹太平十年，大理正治四年。之所以要做如此详细的叙说，因为这是我们叙事的一个时间节点，只为让历史的记忆更清晰，后人要记住的是素有“中国十大清官”之称的陈希亮之一生。

这一年，河中府通判范仲淹上书，请太后把政权交还给皇帝。宋仁宗此时已经20岁，于情于理都应该亲政了，已是63岁高龄的章献太后刘娥（四川人）依然垂帘听政。不过宋仁宗也的确是个“孩子”，此年里，他亲自召问了龙虎山第二十五代天师张正随冲举（飞升成仙）之事，此时的仁宗还不知道自己将有一个无子的沮丧未来。其后神宗、徽宗对天师道均加崇奉，国力也逐渐式微。

不过对远在国家西陲的眉州青神县而言，1030年却是个大年，乡人陈希亮（字公弼）和他的两个侄子陈庸、陈谕一同中了进士，家乡人在他家门口树碑褒扬曰“三隽坊”。

“结仇”刘太后，“青天”名初现

唐代广明年间，因躲避黄巢起义军，陈家从京兆（今西安）迁于四川青神，至宋已有上百年。陈家世代从商，没有人出仕做官，幼年丧父的陈希亮想拜师求学，却被遵循传统的哥哥为难。

占据田园房产的自然是哥哥，陈希亮只分到了乡邻们的30万钱账单。他把那些借债的人都找来，当面将账单全部烧掉，然后背起书箧行囊，不远千里去寻师访友，这种做法颇有魏晋风度。等学业有成后，更是不计前嫌，把两个侄子也召去读书，最终同时高中。

新雨刚过，汴梁城门外的大堤上，柳丝垂碧，啼鸟婉转。一条小船停在了大梁门外的码头，青衣小帽的陈希亮下船上岸，走进城门，打量起这个繁华的城市，也一脚踏入了官场，一干就是30余年。

陈希亮得到的第一个职务是长沙县令。长沙交通发达，百姓富饶，但陈希亮甫一到任，就摊上了棘手大事。当地有个叫海印国师的和尚，经常出入章献太后家，与权贵们相往来，仗势侵占民众土地，没人敢得罪他，当地官吏更是变着法儿与海印套近乎。

此时太后垂帘听政已近10年，陈希亮当然知道，惩治海印可能会惹祸上身。章献太后可不是一般人，她开了宋朝太后垂帘先例。

陈希亮在查获海印的犯罪事实后，想得很清楚，就是要办这个和尚，以解百姓的心头之恨。陈希亮发出了将海印治罪的决定，全县震惊。老百姓更是感激他，暗暗称他为“陈青天”。

在海印案还未传到朝中前，陈希亮所幸遇到了“郴州竹场案”。当时郴州竹场有人伪造凭证由输粮户送到官府充当税粮，事情被发觉，输粮户将被处死。陈希亮接到案卷颇觉不解：输粮户贫穷而目不识丁，有何能力造假？他派人去郴州调查真相，原是竹场吏人作祟。结案后，仁宗特赐给陈希亮五品官服，使其一跃进入了中层官员阶层，在百姓中“青天大老爷”的美名传得更响。

此时的章献太后纵使怀恨，碍于民情，加之本身也并非偏颇之人，所以并未严惩陈希亮。当然，如果不是自身的清廉正直，那么陈希亮早被罢黜了。调职决定很快下达，陈希亮转任鄠县（今陕西户县）知县，开始不断颠沛流离的地方官生涯。

主动求降级，除恶丢乌纱

两任地方官做下来，陈希亮已是感慨不尽，思想更发生了巨大变化。

陈希亮是至孝之人，他在太常博士的任上提出降级做知县以便侍养老母，于是任临津（今山东宁津）知县，为官场少有。直到为母服丧结束，他才重新出任开封府司录司事。不过此时的开封并未出现太多让人振奋的好事，相反，西北党项叛宋，边防连连告急要求增加军备。

箭在弦上，朝廷必须有所作为。庆历三年（1043）九月，著名的庆历新政开始，满朝文武都在议论澄清吏治、富国强兵，陈希亮也似乎看到了北宋王朝的曙光。大半年后，国都中最精美宏大的福胜塔被雷火击毁，仁宗准备以 3 万钱重建福胜塔，此时的陈希亮勇气陡生，力谏停建，皇帝居然听了进去，这笔钱被划拨至西北边防。

但这种直言抗命的精神，让陈希亮在不久后失去了一次升官的机会。有个叫沈元吉的外戚强行非礼一民女，并把民女丈夫活活打死。案发后，开封府将此案交陈希亮主办。不料，沈承受不了公堂威严，竟被当堂吓死。

沈元吉的死，对一些嫉恨陈希亮的王公贵族而言，仿佛老天神助。他们纷纷鼓动沈元吉的老婆“上访”。向来看重他的仁宗得知此事后，也觉得陈希亮做得不妥，下诏将陈希亮及所有狱吏治罪。

面对处罚，陈希亮大义凛然地说：“杀此贼者独我耳。”于是免官，废为平民。在此之前，仁宗本想提升他为御史。不过此时，轰轰烈烈的庆历新政已宣告失败，朝野朋党之争四起。

一段时间后，房州（今湖北房县）盗寇猖獗，盗寇竟然杀死了地方官，名臣富弼便推荐陈希亮去填平这个“火坑”。在房州，除了面对日益严峻的维稳态势，他还遇到了张元家属案。

有探子报华阴人张元跑去西夏当了谋臣，仁宗听到这个消息，就将张元家族中的老老少少100多人全部抓了起来，转移到房州关押。这些人多为老弱病残，一路上风餐露宿加之恐慌惊吓，纷纷病倒。

陈希亮此时陷入两难：如果求升迁，可以乘机对张元家族严加整治，但他怎忍下此重手？如果向上禀告替他们求情，仁宗正在气恼之中，恐怕不是再丢乌纱了，而是丢脑袋了！

面临着升迁与被罢官、生与死的考验，他最终向仁宗直书：“元事虚实不可知，使诚有之，为国者终不顾家，徒坚其为贼耳。此又皆其疏属，无罪。”

陈希亮把信封好，派人500里快马加鞭进京。仁宗看信后沉思了好久，还是觉得陈希亮言之有理，便下令放了张元族人。在房州府内当堂宣读诏书时，张家的100多名族人跪在陈希亮面前，个个泪如泉涌，呼喊着“陈青天，青天大老爷”，陈希亮的画像也由此永远留在了张家的族祠中。

若为天下善，清官不避权？

房州任职期满回朝，仁宗希望政绩卓著的陈希亮出任大理寺少卿。这是大宋执掌生杀刑罚的要职之一，也是少有的提拔。

任命尚未正式发布，这位拟任的大理寺少卿就已重新成为官员争相攀附的人物，庆贺的名帖摆满他寓居的客栈案头。陈希亮一面告诫家人坚决拒收庆贺的礼物，一面上表坚辞大理寺的任命："法吏守文，非所愿，愿得一郡以自效。"意思是做法官守文书，不是我的理想，希望管理一郡来为皇上效力。

陈希亮拒绝恩宠使仁宗多少有些不快，但对于这位清廉的能臣，仁宗还是表现出格外的宽容，那么就去宿州吧。

从大理寺少卿到宿州知州，从执掌大宋刑律的高官到一个普通的州县官员，此种行为引起众说纷纭。有人说他精于谋算，辞去高官是为了避祸；也有人说他在地方上更便于放胆搜刮。陈希亮此举，到底为何呢？

陈希亮抓捕盗案，兴修水利，培养士子，使宿州境内谧如，门不夜闭，士民谓数百年来无此好官。无疑，这些行事，与他清官形象是相称的。

汴河作为北宋的生命线，当时宿州欲在汴水上造桥，河水涨后接近桥面，常损坏过往舟船。陈希亮想造一座没有墩柱的飞桥，仁宗在详细审阅陈希亮的方案后，下令立即开工。

在建起飞桥后，仁宗下诏褒奖陈希亮，并在全国推广他的方法，这才有我们在《清明上河图》中看到的那座绝美虹桥。从陈希亮去世后朝廷追赠他为工部侍郎一事，就可看出朝廷对他在工程上的才能的肯定。

造福宿州后，陈希亮又准备奔向下一个目的地——滑州。此时，他终于等到了仁宗的亲口认错：“知卿疾恶，无惩沈氏子事。”意思是过去沈元吉的事是个误会。但陈希亮的颠沛仕途并未停止，还将有曹州、庐州和凤翔府这些艰难之地在前方。即使陈希亮间隙在京东转运使任上流放博平大猾截道虎（截道虎为人名），察明酷吏徐州太守陈昭恶行，开启人生的高光时刻，但这都不是他志之所至。

惹“怒”苏东坡，何处桃花源？

陈希亮深知升迁调动的权力操纵在别人手上，而为官立品的责任在己。他每到任一处，当地的不少官吏就会提早打听消息，以求他调，生怕这个寡欲耿直、面目冷峻、不露喜怒之色的四川小个子挡了自己的前程。陈希亮虽多次上书请老，但朝廷偏偏不允。

《宋史》称他经常见义勇为，不计后果。所到之处，奸民劣官，都革心换面，不改的一定被杀。所幸他内心仁爱宽恕，所以严格而不严苛。在北宋一朝，像陈希亮这样个性分明的人并不少，如“拗相公”王安石、“青天”包拯，但屡屡要求降职，到偏远地方任职的人，只有陈希亮。他后来曾辞去三品龙图阁大学士之职，坚决回滑州任职，简直就是官场另类。

可以说，同样是探寻北宋的兴盛之道，王安石走的是朝向未来的改革之路，陈希亮走的却是朝向上古的个人道路。他坚守的信念被平民称道，却受同僚讥讽。就连同乡苏东坡，也一度“忌恨”他。

27 岁的苏轼在凤翔府任签判时，就和太守陈希亮相处得很不愉快。陈家与苏家本是同乡、旧交，但陈希亮却对苏轼严格得不近人情，常对他写的公文“必涂墨改定，数往反”，令苏轼忍无可忍，每每与陈希亮争至面红耳赤。

苏轼作为皇帝赏识的才子委派到任半年，就被陈希亮“压制”，自是心意难平。

凤翔任上，有年饥荒，陈希亮准备用官仓粮食赈灾。仓官却怕朝廷怪罪而疑虑重重。陈希亮以官职担保开仓放粮，将粮食借贷给百姓，百姓由此度过了饥荒。秋天，粮食丰收，百姓感激陈希亮的信任，络绎不绝地来偿还粮食。

后来陈希亮疏浚东湖，筑凌虚台，命苏轼作记。苏轼写出了文采飞扬的《凌虚台记》，但其中多有借机讥讽太守之意，可陈希亮淡淡一笑，破天荒地一字未改，并让人刻在碑上。

待到苏轼 47 岁时，经历了太多的政事磨炼和人生坎坷，特别是“乌台诗案”和黄州流放，方理解到陈希亮当年的良苦用心。他在为去世的老太守作《陈公弼传》中写道：“方是时，年少气盛，愚不更事，屡与公争议……”

也正是这样的直率，让陈希亮得罪了不少同僚。宋英宗即位后，陈希亮升任太常少卿，认为有个强盗依法当处死，可同僚统统反对。后来，强盗杀死守卫逃跑，陈希亮便将从前的议论交给朝廷，朝廷裁定陈希亮的意见是正确的。同僚官员纷纷恐惧，要借事来中伤陈希亮，纵使陈希亮一向自忖清风明月，并不在意，可花甲之年的他也首次感觉到了背后寒光。

当时的风气是州郡官员喜欢用酒来互相赠送，按法是不许可的。陈希亮曾用酒赠送过贫寒的游士，随后又改用自家财产来赔偿酒钱。但良心上过不去的他还是借此事上书弹劾自己，坚持请求辞职。因为此时的他已经认清一生所追逐的清廉官场，终究是一场桃花源。

正如黄仁宇在《万历十五年》中形容后世的海瑞一样，陈希亮去职后的闲居生涯，对他其实也是一种痛苦，此时他已处于人生和事业中退无可退的最后终点。无奈，一生好著书的陈希亮只得重拾《易经》来面对自己的孤寂与悲伤，最终64岁辞世。

陈希亮病逝时距王安石熙宁变法（1068）还有3年，陈希亮终是无缘得见朝野上下的又一次风起云涌。

以上种种，并非陈希亮的所有事迹，却已然可以解释出百姓称其为“陈青天”的由来。我们看到，在北宋包拯即“包青天”的盛名之下，朝廷中还有一个“陈青天”，这对良臣辈出的北宋是好事，对百姓而言，更是幸事。

陈希亮能断案、会治军、可外交、擅工事。在他兼任“开拆司”时，积压案牍成千上万。他仅用9个月时间，便办理了大部分的积案，发现官员有擅自勾销案件者，必定严惩。

陈希亮治政、治家、治身的名言佳行，是为一个政绩卓著、万民爱戴、官声遗泽人间的循吏范本。陈希亮的事迹流传并不多，不过，仍不妨碍我们今天从容瞻望，这位有古循吏风的“四川青天”之卓著政声。

孤臣寇准：北宋官场中的独行者

毛剑杰

在皇帝眼里，寇准过于偏执，与其他大臣屡有冲突，无论君子、小人，都不喜欢他，所以在百姓眼中清廉的寇准，却被同僚认为热爱宴饮与“摆阔”，并成为他们眼中“豪奢”的典型。

北宋乾兴元年（1022），开封城里又一次迎来了辽国的使者，宋廷为使臣举办了盛大的国宴，朝廷勋贵皆出席宴会以示重视。在宴会中，辽国使者遍视群人问道：“孰是无地起楼台公?”此言一出，宴会现场顿时冷了下来。

辽使问的不是别人，正是当年促成澶渊之盟、前些年又被先帝贬谪到海南的名相寇准。寇准因在开封为官时作风清廉、不治家产，在京城没有自己的宅院，被百姓誉为“无地起楼台公”。但是与寇准同时代的宰相夏竦却说“寇准豪奢”，同为名相的欧阳修在《归田录》里也记载了寇准的奢靡行为：知邓州时，“不点油灯，尤好夜宴剧饮，虽寝室亦燃烛达旦……厕溷间烛泪在地，往往成堆”。

百姓眼中清廉的寇准却热爱宴饮与“摆阔”，并成为同僚眼中

“豪奢”的典型，这两种说法岂不是矛盾？

“北宋魏徵”

北宋端拱二年（989），宋太宗提拔了一名27岁的年轻人到朝廷任职，他就是当时任郓州通判的寇准。这个“老西儿（陕西人）”，9年前一出现在北宋官场上时，就显出了强烈的个性。

当时，18岁的寇准在参加殿试前，被人提醒把年龄往大里报几岁，原因是宋太宗不喜欢录用太过年轻的人。但寇准不假思索地一口回绝了，理由是“我刚刚准备要踏上仕途，怎么可以欺骗陛下”。15岁便精习《春秋》的寇准，最终成为太宗钦点的第一批进士。10年间，寇准从一个巴东知县升到了枢密直学士。

超乎寻常的晋升速度，使得人们对个中缘由纷纷猜测：有些人更是因寇准形貌轩昂，甚至猜测他与宋太宗有断袖之谊。但事实上，宋太宗处处拿唐太宗自比，而刚正廉明、不畏权贵的寇准，正好满足了他的角色扮演梦想，他认为寇准简直就是宋代魏徵，直谏皇帝丝毫不给面子。有一天，寇准在殿中奏事，大胆进谏，直说得宋太宗面红耳赤、拂袖而去。这时，寇准做了一个令所有人都大惊失色的举动：他拽住宋太宗的衣袖，请他重新落座，直到听自己讲完。

孰料宋太宗不但没有恼怒，还在听完寇准的进谏后大夸寇准：“朕得寇准，犹文皇之得魏徵也。”

淳化初年，北宋朝廷处理了两桩受贿案。情节严重的王淮，赃钱以千万计，仅被撤职杖责，不久又恢复了原职；而情节较轻的祖吉，却被处以死刑。这明显不公的判罚，只因王淮是副相王沔的弟弟，而祖吉毫无政治背景，连宋太宗都沉默不语。

寇准决意要为此事出头，他不打算给任何人面子。于是，在一个清朗的早上，宋太宗正与众臣商议旱情之际，寇准朗声道："旱灾是上天对朝廷刑罚不平的警告。"宋太宗面子立刻挂不住，生气地转入禁中，满朝大臣惴惴不安，只有寇准傲然挺立。

宋太宗默默躲在屏风后，估计自己硬不过寇准，便又转过来问："朝廷刑罚为何不公？"寇准便将祖吉受贿情节较轻还被处死，而情节严重的王淮却得以官复原职的事实和盘托出。宋太宗介于事情已被点破，摆在了明面上，只有下令再查此案，问责王沔。而寇准因为这件事，被任命为左谏议大夫，开始直接参与军国大事。

君子、小人，都不喜欢

倘若只是直谏，寇准断然不会成为北宋官场的一个另类孤臣。太宗之后，寇准一力拥戴的太子继位，即为宋真宗。寇准毫无意外地继续被重用、信任。

因为"澶渊之盟"，寇准步向了仕途的巅峰，但隐忧也随之埋下：他的刚硬，使得自己成了妥协派王钦若等人的死敌。回朝后，王钦若马上向皇帝吹耳边风："陛下闻博乎？博者输钱欲尽，乃罄所有出之，谓之孤注。陛下，寇准之孤注也。斯亦危矣。"

王钦若知道皇帝的软肋，他说寇准把皇帝当成了孤注一掷的筹码。皇帝深以为然，随即对寇准有了心结。不过"契丹既和，朝廷无事，寇准颇矜其功，虽上亦以此待准极厚"。不久，借助皇帝的心结，王钦若找个事由，终于成功将初次为相的寇准踢出了朝廷。

被贬谪地方后，寇准有一次过生日，在宴请宾客时，突然穿出了一件新衣服，那是一种黄色且绣龙的皇帝制服。消息传入京城。皇帝问宰相王旦："寇准乃反耶?"宰相王旦大惊，立即表示去信呵斥，大事由此化小。

正是这位惜才的王旦宰相，在大中祥符七年（1014）6 月将寇准带回了中枢，任西府枢密正使。然而，寇准并不是很瞧得起这位晚于他为相的同年，不时给王旦找些麻烦。

寇准对东府送来的文件，总是要千方百计地找差错，找到了，并不与东府商量，直接呈报给皇帝，借皇帝来责罚王旦，有意出东府的丑。于是东府的人也有样学样，凡西府送去的文件，他们也找岔子，以报复寇准。

然而王旦却直接把文书退给了枢密院。当枢密院吏把这件事汇报给寇准时，寇准感到非常惭愧，"王同年大度如此耶!"

王旦为相 12 年，病重之际，宋真宗让人把王旦抬进宫中，问以后事："卿万一有不讳，使朕以天下事付之谁乎?"王旦并不直接回答，仅说："知臣莫若君。"宋真宗没办法，只好一一点名来问，王旦都不表态。最后，真宗只好请王旦直说："试以卿意言之。"王旦这才说："以臣之愚，莫若寇准。"

但宋真宗对寇准的性格并不满意，说："准性刚褊，卿更思其次。"这时，王旦固执地坚持："他人，臣不知也。"在皇帝眼里，寇准过于偏执，与其他大臣也屡有冲突，无论君子、小人，都不喜欢他，宋真宗也不愿碰这个烫手山芋。

但毕竟有王旦临死前的推荐，寇准终于得到了机会。天禧三年（1019），永兴军内有个叫朱能的巡检，勾结内侍周怀政伪造天书。寇准为了迎合热衷此道的宋真宗，上奏云"天书降于乾佑山中"。10 来天后，寇准被召回京任职。

到海只十里，过山应万重

寇准这回上任，迎来了他此生最强也是最后的对手丁谓。

与寇准一样，丁谓年少即有才名。除了文才，更有政略之才。四川一带曾发生叛乱，朝廷先后征调的兵马都被打得落花流水。丁谓受命于危难之际，深入险地，竟然以兵不血刃之势，安抚了叛乱。

寇准拜相这天，丁谓也进入中书省成为参知政事（副宰相）。二人一直关系亲密，一次中枢会议后，身为内阁成员的寇、丁二人都参加了宴会。宴会间，寇准的胡须上沾了一些饭粒汤水，身旁的丁谓见了，起身上前替他徐徐拂去。寇准不仅不以为谢，反而板起了脸说："参政，国之大臣，乃为官长拂须耶？"两人从此交恶。

寇准因为刚正执法，得罪了刘皇后的娘家人，而刘皇后正是真宗心头至爱。刘皇后想把寇准赶出开封，但真宗却迟迟不表态，寇准的去留问题一时僵持不下。正在这个节骨眼上，和丁谓有私怨的太监周怀政联络同党，企图发动政变，斩杀丁谓，复相寇准，尊宋真宗为太上皇，拥立皇太子即位。

这件事被客省使杨崇勋出卖。丁谓连夜化妆乘牛车到枢密使曹利用那里商量对策。丁谓、曹利用派兵包围了周怀政的住处。周怀政被俘后自杀，丁谓想乘机干脆把寇准置于死地，就诬告寇准参与密谋。寇准虽没被问成死罪，但却被再次罢相，逐出京城。

此时，真宗已卧病，不知寇准被贬，问左右为何多日没见寇准，左右臣僚都不敢据实回答。寇准离京那天，大臣们由于害怕丁谓，都不敢去送行。参知政事李迪十分愤懑，公然宣布自己与丁谓不共戴天，甚至持手板击打丁谓。李迪面奏皇帝痛斥丁谓之奸邪，力诉寇准之蒙冤。

但寇准的命运已难挽回，从此一贬再贬，先是道州，再是雷州。天圣元年（1023），寇准在雷州病倒。此时，他作《病中书》云："多病将经岁，逢迎故不能。书惟看药录，客只待医僧。壮志销如雪，幽怀冷似冰。郡斋风雨后，无睡对寒灯。"

这年9月，寇准病故于雷州竹榻之上。他年轻时曾写下诗句："到海只十里，过山应万重。"一语成谶，雷州的东南门至海岸虽只有十里远，但却距寇准家乡万里之遥。

司马门下一老仆

张　鸣

在北宋，司马光绝对是个牛人，名气大，火气足，吵起架来，即使在皇帝面前，也绝不让半分。政见不合，拂袖而去，不做大官，就去修长长的史，一问世就是经典，不输司马家的另一前辈司马迁。

而司马光家有一个老仆吕直，也很牛，有时比司马光还牛。司马光在洛阳时，建了一个园子，名曰“独乐园”。在园中修了一个地下室，作为书房，司马光平时在里面读书。苏轼有诗咏园曰：“青山在屋上，流水在屋下。中有五亩园，花竹秀而野。”人有名，园子也沾光，所以游客还真不少。园子由老仆负责收拾打扫，碰上阔客，会有赏钱。

司马光平时埋头读书著述，偶尔出来散心，突然发现园子里多了一个亭子，便问老仆怎么回事。老仆回答说，是我建的。司马光问：“钱哪儿来的?”“游客赏的，有一万钱呢。我那天拿给你，你不要。”“那你怎么不收着自己用?”“我要钱干吗？相公做好人，我也要做好人。”

老仆有点憨，也有点直，跟司马光的脾气有点像，两人关系非常好。别人都顺着司马光，就他可以跟司马光发点脾气。觉得哪儿不对了，就直接批评，一点情面都不讲。司马光居洛期间，埋首著述，一般情况下不出去游玩，天天用功。一日，文彦博邀请司马光春游，司马光情却不得，跟着去了，一连玩了数十日才回来。回到独乐园，吕直看着司马光，长叹一口气，说道："大好春光，花木繁盛，相公一去就是几十日，耽误了这满园春色不说，连书也没有看一页，这不是糟蹋自己吗？"司马光闻言，满脸通红，大不好意思，发誓不再外出游玩。此后，但凡有人来邀，即以园丁的话塞给他，坚辞。

独乐园地势高，比较干，但园子里却生了二十几棵灵芝，长得很好。有人问园丁，你用了什么法子浇灌，才令它们如此茂盛？园丁答道："天生灵物，不假人力。"来人感慨，这可真是司马光的仆人啊。这个老仆人，原来一直称司马光为君实秀才（司马光字君实），司马光官大了，他也没改口。苏轼看着感觉不对，就对老仆说，你应该叫君实相公。老仆遂改口。司马光一听，好生奇怪，忙问："你怎么改口了？"仆人回答："这是苏东坡学士教的。"司马光叹曰："我好好一个仆人，被苏子瞻（苏轼字子瞻）教坏了。"

司马光做过宰相。人说宰相家奴七品官，有的时候，别说七品官，就是官再大点，也惹不起宰相家奴。

像吕直这样学着主人做好人的，还真不多见。显然，跟这人的秉性有关，但更跟主人有关。司马光无疑是一个清官，不该拿的，一文不取。清廉之名，远播辽邦。文彦博说，他派人入辽做探子，见辽主大宴，戏子演的戏，也在说司马光之清名。这样的清官，如果放在明清两代，就是海瑞、汤斌那样的穷措大，日子过得苦哈哈的，死了，连口棺材都买不起。但在宋代，司马光却吃有鱼，出有车。官只要做得足够大，还可以修个私家园子。很明显，宋朝优待官员，来自体制的合法供给，就足以让官员过上值得夸耀的好日子。读书读好了做官，做了官，哪怕一个小官，都可衣食无忧。有道之辈，为官做宦，清廉自守，可以有物质基础，不至于整日破衣烂衫，有失士大夫的脸面。

士大夫做好人，下人就有可能效仿。你不爱钱，我也不爱；你有尊严，我也讲究。士大夫的榜样作用，也就出来了。当然，即便士大夫有这个条件不贪，但也未必能做到人人不贪，同在宋朝，多吃多占者不少，贪污腐败者也不缺。高薪养廉，仅仅给有道德之辈提供了清廉的基础，但性贪者，由于缺乏监督，还是会贪。俸禄低了，贪；俸禄高了，还是贪。

苏辙骂皇帝不为拆台为补台

刘诚龙

有人说苏辙是“愤青”，常搞激烈猛论，太过年轻，说话干活不成熟。而实则苏辙并非年轻莽撞，只是有怒则怒，当愤须愤，不关年老与年少，只关正义与奸邪。

苏辙 20 来岁时千里迢迢从四川老家来到京城参加科考。这次的考试题目是：试论当下大宋在民生、军事、教育、财政、法制、行政等方面存在的问题。题目深而广，与以往科考很是不同。以前科考，都是写一首或几首诗，顶多是写篇议论文。王安石当政后，改了科考内容，由作赋转为申论。

苏辙看罢题目，挥笔就写，洋洋洒洒，文不加点，一口气铺排了 6000 余字。苏辙先从宋仁宗骂起，接下来骂了宰相、三公、六部，再骂九卿、百司，从民政到军政到财政到行政，骂尽诸色。

他骂宋仁宗是这么骂的：“近岁以来，宫中贵姬至以千数，歌舞饮酒，优笑无度，坐朝不闻咨谟，便殿无所顾问。”意思是说皇帝醉心于享乐，在朝不问治国方略，在便殿也不征求大臣意见。苏辙还骂宰相：不用忠臣，多用奸猾，“宰相不足用”。

主考官是胡宿，他阅到这一卷，背脊飕飕发凉。胡宿担心自己受连累，不敢录取这名考生。另一位考官叫范镇，他说这位考生文采见识都了得，文胆尤其惊人，是个人才，这样吧，录倒是能录，但状元、榜眼、探花不能让他做，“欲降其等”，评个会元之类的吧。

到了司马光那一环，他拍了桌子——不行，这般好文章，如何不给好名次？当上上等。你们不敢录取，我向皇帝陈情去：“文辞如何，臣不敢言，但见其指陈朝廷得失，无所顾虑，于四人之中最为切直。今若以此不蒙甄收，则臣恐天下之人皆以为朝廷虚设直言极谏之科。”

录取官司被打到了三司去。三司也被苏辙骂了，三司“一把手”蔡襄笑笑说：“苏辙骂我，一部分批评得过了，大部分却正中三司之弊。”他认为，“有则改之，无则加勉”，面对这位考生的批评，只有惭愧，不敢怨怒。

录取还是不录取，高等次录取还是降档次录取，最后决定权归皇帝。宋仁宗看了这份试卷，先是脑门冒汗，随后又释然：“设制科本求直言，苏辙小官，敢言，特命收选。”朕多次说要求直言，直言来了却打压，那天下如何看朕？于是，苏辙被录取了，但档次没如司马光意，只取第四等。

苏辙这张试卷，除了批评过激外，其实还偏了题。题目叫他论如何行政，他却批评行政者个人行政不对。单此一条，不录取苏辙，也足可封天下口——偏题，以零分计。

但苏辙批评得不对吗？基本全是对的。官员懒政惰政、不作为乱作为、搞腐败有作风问题的还真不少。这样来看，苏辙没错。

可见，谏言的关键在于直击根本，苏辙洋洋洒洒不留情面地写下6000余字，是出于忠君爱国，是想推动朝廷前进，实属赤子之心。司马光看得准，苏辙虽批评过激，但他不是在拆台而是在补台，“独有忧君爱民之心”；宋仁宗也眼明心亮，看出了苏辙之根本，也就容许了苏辙入仕："而辙也指陈其微，甚直不阿。虽文采未极，条实未究，亦可谓知爱君矣。朕亲览见，独嘉焉。其以辙为州从事，以试厥功。"

清官诗话

赵文广

宋朝包拯60寿辰，吩咐儿子包缱一概不收寿礼，然而，出人意料的是，送寿礼的第一家恰是皇上。包缱无奈，只好拿来红纸，请送礼的太监写几句，劝包拯收下礼物，太监便写了一首诗："德高望重一品卿，日夜操劳似魏徵。今日皇上把礼送，拒礼门外理不通。"包拯看后，亦作诗一首："铁面无私丹心忠，做官最忌念叨功。操劳本是分内事，拒礼为开廉洁风。"婉言谢绝了皇上的寿礼。

况钟是明代苏州知府，任职期间，他严惩贪官污吏，人称"况青天"。有一年，况钟赴京述职，临行前，一些官员和百姓给他送礼，被况钟一一拒绝，并作诗一首告别，诗云："清风两袖去朝天，不带江南一寸棉。惭愧士民相饯送，马前酾酒密如泉。"送行的人们深为况钟的清廉之德所感动。

清朝乾隆十一年（1746），54岁的郑板桥调任山东潍坊知县，为官7年中，深受百姓爱戴。后来，由于他得罪了土豪劣绅和大官僚，被朝廷罢官。回江南那天，当地百姓有1万多人为他送行。郑板桥在临行之前画了幅墨竹给百姓留作纪念，上题一诗："乌纱掷去不为官，囊橐萧萧两袖寒。写取一枝清瘦竹，秋风江上作渔竿。"

陈省华：北宋最成功的家长

江　波

古代对优秀官员的评定标准主要有3个：一是能任事，即办事能力强，为官一任，造福一方；二是发现、举荐人才，即所谓“荐贤贤于贤”；三是道德高尚，能够以身作则，成为天下道德楷模。

其实除了以上3点，还有一点也很受世人看重，那就是教育。古代人追求“耕读传家”，一个人不仅自己要读好书，做好官，他还要通过教育，让子孙后代也好好读书，争取金榜题名，光耀门楣。所以，古代那些出了举人、进士的家族，特别受世人敬仰，而像陈省华这种“父子四进士”“兄弟双状元”，简直是开创了奇迹，不仅显达当世，而且流芳千古。

教子正心　一门四进士

陈省华20岁那年，担任了后蜀政权的西水县尉。7年后，宋太祖赵匡胤灭蜀，陈省华和蜀地大小官员一起归宋，先后担任陇城县主簿、栎阳县令、娄烦县令等职。

也就是在此前后，陈省华的3个儿子陈尧叟、陈尧佐、陈尧咨相继出生。作为一名地方官，如何在繁忙的政务之余，把3个儿子培养成才的呢？当然离不开苦读。虽然后人翻阅史料，并没有找到陈省华教育儿子苦读的佐证，但3个儿子后来都进士及第，其中两个儿子还高中状元，可见陈省华在教育儿子苦读上没少下功夫。

除了苦读，陈省华更注重按照圣人的要求指导儿子们为人处世。据《宋名臣言行录》记载，陈家曾经有一匹劣马，性情暴躁，不能驾驭，踢伤咬伤了很多人。一天，陈省华走进马棚，发现这匹劣马不见了。他问仆人："那匹马怎么不见了？"仆人回答，是三少爷陈尧咨把马卖给了商人。

陈尧咨当时已是翰林院学士。陈省华马上叫来了陈尧咨，训斥道："你是朝中重臣，家里的仆人都不能制服这匹马，商人又怎么能养它呢？你这是把祸害转嫁给别人啊！"

随后，陈省华赶紧命人去追商人牵回马，并把卖马的钱退给商人。陈省华还告诫仆人，把那匹马一直养在陈家。当时世人都称陈家家风淳厚，有古仁人之风。

正是因为陈省华教子有方，陈家子弟特别有出息，长子陈尧叟27岁时就高中状元，次子陈尧佐25岁就进士及第，三子陈尧咨30岁时高中状元。

"拼子"升官　陈氏冠天下

当今社会，有一种嘲讽的说法叫"拼爹"。和现代人的"拼爹"不同，陈省华有过一次"拼子"的经历，不过他的"拼子"不仅没有被嘲讽，反而被世人传为佳话。

989年，新科状元陈尧叟得到了太宗皇帝的召见。在那个皇权至上的年代，普通人第一次见到皇帝难免会紧张，回答皇帝问话，也常常因紧张而闹出各种笑话。但这次的新科状元不同，他气宇轩昂，回话时口齿清晰，辞意畅达。

太宗皇帝龙颜大悦，得知这是陈省华的儿子，便令陈省华进京觐见，一经交谈，立刻擢升其为太子中允。太子中允为太子属官，官阶为五品。从七品县令，一下子擢升到五品京官，可见太宗对陈省华父子的喜欢。

次年四月，太宗皇帝又在同一天提升陈省华、陈尧叟父子任秘书丞，并赐给两人宋制五品以上三品以下官员穿的官服——绯袍，以示恩宠。父子同日升任同样的官职，受同样的赏赐，实属旷代殊荣，千余年来一直被传为佳话。

先与弟弟相继进士及第，现在又和父亲陈省华一起被提升，陈尧叟非常自豪，写下了一副对联以示纪念："蟾桂骊珠，连岁有弟兄之美；鱼章象简，同时联父子之荣。"

因为陈省华教子有方，包括陈省华在内的陈家男儿个个都非常杰出，陈省华精通水利，官至左谏议大夫；长子陈尧叟做官为民，从秘书丞一路官运亨通至宰相；次子陈尧佐，以进士及第身份从魏县县尉开始，一路官至州通判、枢密副使、宰相，并任太子太师；三子陈尧咨历官右正言、知制诰、起居舍人、陕西缘边安抚使，最后至武信军节度使。

大史学家司马光称赞陈家："三子接踵为将相，子孙繁衍，多以才能致美官，棋布中外，故当世称衣冠之盛者，推陈氏！"

严于律己　家风传世长

常言道“宰相门前七品官”，意思是说，给宰相家看门的人权力不小，其地位相当于朝廷的七品官员。那么像陈家一门出了两位宰相、一位将军，看门的人相当于几品官呢？答案是没官阶。不仅看门的人没官阶，就连位极人臣的三个儿子回到陈府，也都没有官架子，“三子侍列”的故事就是明证。

真宗皇帝主政时，长子尧叟任枢密使，次子尧佐任直史馆，三子尧咨任知制诰，都是朝廷重臣，更是皇帝身边的红人。然而，每当宾客造访陈家，三兄弟必会侍立父亲身后，一个个端茶倒水，毕恭毕敬。

这些访客有的是三子的同僚，有些还是三子的下属，看到三子规规矩矩地侍立着，访客难免会如坐针毡，浑身不自在，只好找这样那样的理由告辞。这时，陈省华常常哈哈一笑说：“大人们谈正事，小字辈在一旁侍候，这是人之常情啊。”

三子皆已是重臣，陈省华还如此严苛，很多人不理解。陈省华说：“官职越高，越要严于律己，才能取信于民。”怎么严于律己，对于这样一个“一府四高官”的陈家来说，保持朴素勤俭非常重要，只有生活勤俭了，才不需要去贪腐，才不会去做贪官。为此，在陈省华的带领下，包括妻子冯老夫人在内的陈家人都很勤俭。平日里，家里做饭大都是冯老夫人领着儿媳妇们一起下厨。

在封建王朝时代，因为权力缺少必要的监督，古代官员贪腐率很高，中途被罢官，甚至被满门抄斩者也不在少数，即所谓“易善于始，难善于终”。但陈家因为陈省华注重家风，陈省华及“陈门三子”都得到了善终，陈省华60岁病逝，卒后被追封为秦国公。长子陈尧叟晚年任宰相，生病时在家养病，真宗亲临其府第探视。病逝后，真宗废朝二日，以示哀悼。次子陈尧佐以太子太师之职致仕，82 岁时寿终正寝。三子陈尧咨卒后，朝廷加赠他为太尉官衔，赐谥号“康肃”。

陈省华的 3 个儿子，在读书上，皆是进士及第，且两个是状元；在仕途上，二子拜相，一子成将；在命运上，三子皆得善终。陈省华真可谓北宋乃至整个中国历史上最成功的家长之一。

蜀帅余玠：被诬陷致死的南宋英雄

关山远

这年头，常常有这样的新闻：小青年间因为一句“你瞅啥”便大打出手，酿成命案。但在历史上，如果被极端情绪绑架的，不是血气方刚的小青年，而是掌握了国家命运的决策者，那么后果不知有多可怕。近读《宋史·余玠传》一节，读出人性之复杂，读出极端情绪之可怕，不由掩卷沉思。

十年西蜀，威震蒙古铁骑

《神雕侠侣》结尾，襄阳城下，千军万马之中，大侠杨过用飞石击毙蒙古大汗蒙哥，蒙古铁骑大乱而溃，最终解了襄阳之围。历史上，蒙哥确实死在对南宋的战争中，但不是在襄阳城下，而是在钓鱼城，是被投石机投出的石弹砸死的。

钓鱼城坐落在今重庆市合川城东 5 公里的钓鱼山上，其山突兀耸立，山下南北西三面环水，地势十分险要。1259 年，蒙哥就死于距离钓鱼城不远的金剑山温汤峡，时年 52 岁。

蒙哥之死，顿时改变了当时的世界历史：不仅钓鱼城解围了，南宋王朝得以多活了20年，而且正在世界各地征战的蒙古大军，包括已打到阿拉伯半岛正与埃及军队作战的一路，听说蒙哥死了，都纷纷赶回草原来抢夺大汗之位，并因此爆发了持续3年的夺位之战，此后再未对外进行过大规模的征伐，因此西方史学家称钓鱼城为“上帝之鞭折此城”——若没有钓鱼城，蒙古军队很可能打进非洲了。

一直到南宋灭亡了，钓鱼城还岿然不动，直至守将见大势已去，才以“不可杀城中一人”的条件，投降了元军。元军进城，依承诺没有杀人，但把城给拆了，可以想象他们的怨气。

上述铺垫，只为了烘托一位英雄——余玠。钓鱼城就是他修筑的，针对蒙古骑兵善驰突长野战的特点，他采取筑城守蜀之策，沿嘉陵江、渠江、涪江和长江两岸山隘、要道，筑青居、大获、钓鱼、云顶等十余城，依山为垒，据险设防，并迁沿江各州治所于城堡，广储粮、兴武备，形成以重庆为中心的堡寨防御体系，沉重打击了纵横亚欧、所向披靡的蒙古铁骑。

余玠是蕲州（今湖北蕲春）人，16岁时在老家读书，因为与一个卖茶老人发生口角，推了对方一把，不料老人倒地身亡，故逃走到襄阳、淮南等地。当时，赵葵担任淮东制置使，余玠带着所作的词作去拜见他，赵葵为词气的豪壮拍案叫绝，于是留他在幕府中。1241年，升淮东制置副使。他文武双全，屡立战功，鲜见败绩，跻身于当时抗击蒙军的名将之列。1242年，余玠被宋理宗召见。宋理宗认为这是一个帅才，任命他为四川安抚处置使，于是让他去了四川。

当时四川情势危急，全川州郡十之八九已入蒙军铁蹄。余玠临危受命，辞行前向皇帝发下誓言：“愿假十年，手挈全蜀之地，还之朝廷。”他是一个军事家，也是一个政治家。入川后，对外建立了山城防卫体系，对内整饬军政、振兴经济，全川面貌大为改观，让蒙古军队吃尽了苦头。余玠不仅能守，还能攻，将蒙军一点一点地赶出四川。他的誓言，眼看就能实现了。但关键时刻，他却收到了皇帝的“解聘书”。

昏君庸臣当道，英雄死于谗言

宋理宗是个没有自信的皇帝。余玠在前线浴血苦战的时候，一群小人在皇帝耳边絮絮叨叨，说余玠手握大权，要提防啊；又说余玠不尊重皇上您啊，要不您试试，突然把他召回京城，他肯定不愿意回来……

小人们不是不知道余玠的重要性，但为什么还这么做？只能说，余玠的名气太大了，功绩太多了，他们嫉妒。还有一个原因，是钱。余玠治川，大刀阔斧，铁面无私，得罪了统制姚世安，姚世安正好结识当朝左丞相谢方叔的一个侄子，于是便使劲贿赂他。有钱能使鬼推磨，姚世安一回到都城临安，又做通了谢方叔的工作。于是谢方叔利用职权，唆使一批早就对余玠眼红的官员，开始各种诬告。

诬告者，最擅长揣摩，而后狠辣一击。他们知道皇帝最担心什么，便努力往那个方向引。

宋朝皇帝，对武将总有一种根深蒂固的恐惧感：当初开国皇帝宋太祖就是通过“陈桥兵变”，从孤儿寡母手中夺得天下，他们害怕别人也这么干。两宋战争不断，皇帝既需要武将拼死守卫边境，又担心武将拥兵自重、酿成剧变，尤其是巴蜀之地，最易让将帅“坐负险固、轻视朝廷”“抗天子之令，吐不臣之语”。小人们知道如何精准打击余玠：他功高威重、居蜀日久，皇上，您不得不防啊！

心里的恐惧加上庸臣的谗言，让宋理宗做出了一个不可理喻的决定。他发出金牌，让余玠赶紧进京。没错，就是当年紧急从前线召回岳飞的那种金牌。

当时从临安到重庆，最快的御前金牌也要走半个月，就在这道金牌发出去 16 天的时候，朝廷收到了从重庆送来的急报：余玠病重。也就是说，召余玠进京的诏令发出不久，上报余玠病情的奏报也已上路了。

皇帝和庸臣都不信余玠真病，继续催余玠进京。接到余玠重病消息的第十天，宋理宗又签署了一道命令：让余晦接替余玠担任蜀帅。

宋理宗做出这个人事任免的决定后，就连一直攻击余玠的小人徐清叟都看不下去了，他劝皇帝："余晦这个人不合适啊，轻佻浮薄，不堪重任，他去四川，别说川人瞧不起他，就连蒙古人也会嘲笑咱们大宋没人咧！"宋理宗不听，回答说："我做了决定，不允许反对！"

可以想象，余玠的愤懑与绝望。他在前方出生入死，后方却怀疑他、羞辱他，他知道进京后，很可能面临岳飞一样的下场。因此后人评说也许正是这个消息压垮了余玠，导致他服毒自杀。

身后千古，殷鉴仍在

余玠死后，整个川地如笼罩着凄风苦雨，蜀地军民含泪相告，悲痛至极。《宋史·余玠传》载：余玠死后，"蜀之人莫不悲慕如失父母"。这一幕，自然是宋理宗和那些诬告余玠的小人所不愿意看到的。老百姓这么悲痛，不是证明我们错了吗？不，我们不能错。于是这帮自大、狠毒而愚昧的君臣，开始污化他们曾经大力追捧的大宋英雄余玠。

接下来，宋廷以莫须有的罪名抄了余玠的家产，并逼迫余玠之子余如孙以家财犒师，就是把家财捐出来作为军费。

余玠是个清官，家里哪有“犒师”的钱财？余如孙连续苦苦折腾了几年，才凑足自认的3000贯钱。但这还没完，小人们又出动了：余玠给儿子取名“余如孙”，明显是取“生子当如孙仲谋”之义，不正是暴露了想割据称王的野心吗？余如孙很痛苦，只得改名“师忠”，但仍然没有逃过被杀的命运，后来被奸相贾似道杀害。悲剧仍没结束：贾似道酷爱收罗奇珍异宝，当听说余玠的陪葬物中有一条宝玉腰带时，他竟然掘墓暴尸，取走腰带……

余玠之死的严重后果很快就显现了：不仅四川战局发生逆转，宋军防线日渐恶化，更因为朝廷自毁长城之后，还如此诋毁、攻击已故功臣，宋军将士深感寒心，士气低落。

余玠没看到这样一幕：在日薄西山的时候，南宋朝廷为了鼓舞士气，给他恢复了名誉，并放逐了当年诬告他的小人。他也没有看到这一幕：他修筑的钓鱼城，顽强抵抗了蒙古大军，并重创蒙哥大汗，从此改变了历史。

时间是公正的，后人纷纷歌颂与纪念余玠，就是在宋代，著名诗人谢枋得便称赞余玠是为延长南宋国祚数十年做出了巨大贡献的杰出人物。于右任曾题写了余玠公像赞：“十年西蜀，治臻上理。宋室屏藩，惟公是倚。功德在民，哀弥考妣。仪型百世，精神不死。”

李勉：让贪官抬着棺材来见

辛 戟

南宋时期，中国出了一位著名的咏史学者徐钧，他根据《资治通鉴》所记史实，竟写出了 1530 首咏史诗，其中较为著名的一首是："指破奸邪叵测心，一言剀切盍沉吟。主昏不听终无奈，付与清风一曲琴。"

这首诗所咏的主角就是唐朝一代廉吏李勉。李勉出生于唐王朝宗室之家，曾担任节度使、宰相等职，以廉洁耿直留名青史。欧阳修也曾赞李勉"鲠亮廉介，为宗臣表"。指破奸邪、鲠亮廉介正是李勉一生的写照。

刚正不阿，严禁公款招待

李勉早年在仕途上遭遇诸多波折，除短暂进京为官外，大部分时间他都是被贬到地方任职。

宝应元年（762），肃宗看重李勉的正直不阿，提拔他为太常少卿，掌宗庙礼仪。后来，朝廷准备对李勉加以重用，但是李勉却不肯阿附权宦李辅国，遂被贬出朝廷，辗转于河南、朔方、梁州等多地。

就任开封府尉时，当地贪污腐败成风，李勉对此深恶痛绝。上任第一天，他就贴出告示："凡受贿者，须在三天内自首，过日者舁榇相见。"榇古时指棺材，舁榇相见，就是抬着棺材相见。

尽管李勉的这份告示杀气腾腾，但依然有人不以为然，其中有一名污吏自认有些背景，更是故意在告示贴出后接受贿赂，还故意放出风让李勉知道，目的就是要给李勉下马威。

三天的期限到了，这名污吏不仅来找李勉自首，还真的抬着棺材前来，意思就是，看你能把我怎么办。此时，整个开封官场都在密切关注李勉如何处理此事。

在查明事情的真相后，李勉说："故意受贿枉法，罪加一等。"他毫不客气，令人当场将这名污吏拿下，并依律处死。有背景的污吏被处决后，开封官场为之震动，在李勉任职期间，他们再也不敢贪污受贿了。

767 年，李勉再次被调入京城，担任京兆尹兼御史大夫。这个职位虽然是个肥差，但对于刚正不阿的人来说，却并不好干，因为京城里皇亲权贵太多，鱼朝恩就是其中一个。

安史之乱之后，大太监高力士倒下了，早年侍奉太子的太监鱼朝恩被新皇帝唐肃宗宠信，权倾一时。当时，鱼朝恩任知国子监事，每次到国子监视学，都是随从数百，威宠显赫。前任京兆尹黎干不仅不敢干涉，更是主动前来阿附，不惜动用京兆府人力物力，以盛宴招待鱼朝恩和他的几百随从，搞得京城民怨沸腾。

李勉就任京兆尹后，又逢鱼朝恩来国子监视学，府吏提醒李勉要好好招待鱼朝恩一行。李勉回答说，鱼朝恩的官职是知国子监事，如果我到国子监去，自然是他招待我。如果他来京兆府，我自然会用饭菜招待他。鱼朝恩得知后，对李勉怀恨在心，以后也懒得再去国子监视学了。

端正家风，严禁家人受贿

显然，刚正不阿的李勉并不适合在皇城做官，3 年之后，李勉再次被派到地方，任广州刺史兼岭南节度观察使。

当时的广州“地当会要，俗号殷繁”，商业十分发达。然而由于地处僻远，当地商贾大都受到官员盘剥，有苦难申，当地经济发展也受到影响。

李勉到任后，对商人多加抚慰，对来往船舶不予检查，并明确规定，对前来贸易的国外商船不得利用权势侵夺。由于政治清明，一年之后广州的商业繁华起来，仅国外来的商船数量就增加了 10 倍。

经济发达起来之后，商人为了感谢李勉，就送来厚礼，都被李勉婉言谢绝。但几年下来，家人还是偷偷地收到了一些财宝。李勉卸任回京，船舶经过石门时，他特意停下船只，将家人所带的珍宝全部搜出，扔到滚滚的江水之中。李勉“江中沉宝”的故事受到了当地人的称赞，当地吏民还为其立碑以颂其德。

回到京城之后，已经迈入老年的李勉，依然不改耿直个性。当时德宗皇帝宠信奸臣卢杞，打算委以重任，遭到大臣的集体反对。德宗征求李勉意见，李勉认为，朝臣都知卢杞之奸邪，唯有皇帝还被蒙在鼓里，这恰恰说明了卢杞的奸险狡诈。

可想而知，听了这话之后，德宗自然对李勉心存芥蒂，并慢慢疏远了他，上演了“主昏不听终无奈，付与清风一曲琴”的悲剧。

788 年，72 岁的李勉逝世，死后被追赠太傅，没有多余的积蓄，《旧唐书》中盛赞他“坦率素淡，清廉简易，为宗臣之表”。

《上宏斋帖卷》：文天祥的“正气歌”

舒　炜

当文天祥提笔为包恢晋升为刑部尚书一职写贺信时，没想到这位老前辈离生命的尽头竟只余两年了。

作为江南西路的同乡，一个是吉州庐陵人，一个是建昌南城人，文天祥压根没想过，写这样的文章要避嫌。由于包恢号宏斋，这张“贺词”就被称为《上宏斋帖卷》，现珍藏在故宫博物院，可是名副其实的国家宝藏。

那么，问题来了，包恢是个怎样的人，值得文天祥这么做呢？

廉官相惜，墨宝为凭

包恢能成为清官，与良好的家风家训有关。在南城包家的家训中，记载着“后世子孙仕宦有犯赃滥者不得放归本家，亡歿之后不得葬于大茔之中”。意思是说，后世子孙做官不能贪赃枉法，违者永远不准回包家，即使是死后也不能葬入包家的墓地。

包恢自懂事起，就被这样的家族文化熏陶。他的父亲、叔父都是陆九渊的弟子，包恢也一直以陆门中人的身份行走官场。

从《宋史》本传中看，包恢政绩斐然，破豪猾、去奸吏、治蛊狱、课盆盐、理银欠，几乎具备清官的所有要素，可谓“刚正不屈之臣”，参知政事董槐看到他也有惭色，度宗皇帝更是把他比作“二程”（程颢、程颐）。

包恢被一些人非议，是坏在了自己的个性上。《宋史》上同样说他行事严厉，对犯错的人毫不手软，得罪了一些人。比如，在浙西提点刑狱任上，包恢发现嘉兴有个小吏纳贿百万，他意在杀鸡儆猴，便把此人的两手砍了。加之包恢在之前跟随贾似道推行公田法，随着贾的倒台，包恢之前那些“作为”随之变了味。

就像一枚硬币总有正反两面一样，以政治立场来判定一个人的道德水平有所偏颇，尤其是84岁的包恢出任刑部尚书的消息传开后，朝中上下也是各有心思。此时，文天祥潇洒挥毫，写下了一份贺词。

以文天祥的品格和文采，自然不会写一篇马屁文章。相反，他挥笔在里面谈了自己的抱负和苦闷：“噫，任事之难尚矣。真实体国，以政事自见，乃谓之生事，谓之妄作。”

虽贵为状元，文天祥的仕途却并不平坦，他多次上书仗义执言，可终不被采纳。他不愿意和奸臣同流合污，又上书讽刺贾似道等人，结果被弹劾罢免。写此信时文天祥刚好30岁，书此札时尚在乡里。他内心的苦闷如泉涌，在此倾诉而出。全文行书53行，共计747字。札末自署“正月日，承心制文天祥札子”，清疏挺竦，风格秀劲，古雅可爱。

托物言志，情怀不已

到了明朝，嘉兴出了个对收藏如痴如狂的人，叫项元汴。他的成果有多厉害呢，现在故宫博物院的书画收藏，共计4600余件，项元汴以一己之力，收藏量达故宫的半数。当然，他也为之付出了几辈人的代价，那些被“传颂”的花费2000两白银的天价买下《瞻近帖》，又一掷千金买下《自叙帖》，就是很小的事了。

其中一件让项元汴很自豪的藏品，就是文天祥当年写的《上宏斋帖卷》。文天祥传世作品不多，项元汴得到后，将其奉为至宝，秘不示人。

嘉兴项氏的先祖原是北方人，是在靖康之变时逃难到南方的，有过家国破碎的记忆。到明代中叶，这个家族里有不少知名人物，或以高官显爵，或以文学艺术而见于记载。项元汴对于科举考试很冷淡，万历时征他出来做官，他也不去，只对古代的文物有着特别的嗜好。

有人说，项元汴所收藏的书画名迹，以及受其滋养的书画家董其昌所提出的南宗画派所寄托的，正是一种对真正自由的向往。

但物之尤者，应如烟云过眼观可也。项元汴的一生收藏散于清军席卷江南。1590年，项元汴去世，临终前，他将其平生所收藏的古书画及其古器物，分给了他的6个儿子。项氏一门中，最为以书画流芳的是项元汴的孙子项圣谟。

清兵攻破嘉兴城后，项圣谟家亦遭到抢劫，其祖父所传的古代法书名画及古物，尽被清兵抢劫，项圣谟携母亲及妻子逃难到嘉善县。“凡余兄弟所藏祖君之遗法书名画与散落人间者，半为践踏，半为灰尽。”《韵石斋笔谈》更有记载：“乙酉岁（1645），（清军）大兵至嘉禾，项氏累世之藏，尽为千夫长汪六水所掠，荡然无遗。讵非枉作千年计乎？”

最终，不少至宝辗转进入皇家大内，乾隆帝成为项氏最大的“粉丝”。乾隆六下江南，都到过嘉兴，八游南湖，专访天籁阁旧址，游览的时候还顺手写了几十首诗。之后非要把天籁阁带回皇城，于是下旨在承德避暑山庄新建了一座“天籁书屋”。

乾隆帝的第十一个儿子永瑆是个书法家，非常喜欢《上宏斋帖卷》，在上面有题跋。但此人偏偏又是个吝啬鬼，他的嫡福晋富察氏是乾隆元后富察氏的亲侄女，嫁过来后，永瑆不仅没收了她的所有嫁妆，还在生活上刻薄地对待她，她穿的是粗衣麻布，吃的是粗茶淡饭。这让乾隆帝都看不下去了，多次训斥之，永瑆却本性不改，一切如故。

古代书画讲究修身养性，很难说这样性格的人，对文天祥的书法和意境能有多少领悟。不过从文物的角度看，《上宏斋帖卷》上虽多了些涂画，但好歹还是保存并流传下来了。这才得以让此卷在中央纪委和文化部于2010年举办的《浩然正气满乾坤——中国廉政文物精华展》上大放异彩，被评价为展出的几大国宝之一。须知，这次展览可是新中国成立以来开展的关于廉政文物方面的首次主题展。

夏元吉：历史上数一数二的理财专家

张　嵚

夏元吉历事洪武、建文、永乐、洪熙、宣德五朝“大账房”，堪称“永乐盛世”“仁宣之治”两大黄金时代的关键人物。

夏元吉在明朝永乐时期的重要工作是和此时期一系列“大功业”紧密相连的：造宝船下西洋；编修《永乐大典》；南征安南动兵30万；5次北征蒙古，平均每次动兵50万……这些“大功业”的经济支出都是天文数字。

对比前朝后世，号称“丰庶”的隋炀帝时代、后人赞为“富宋”的宋徽宗时代、累积“十大武功”的乾隆时代，上述的“大动作”也仅进行了一两样，便招致国库空虚，百姓负担激增，以致时有动乱。但永乐一朝，虽说难免劳苦百姓，但却终将这些“大动作”一一完成，个中奥妙，少不了夏元吉的“理财之能”。清朝历史学家赵翼曾赞叹说：历朝论理财能者，唯桑弘羊、夏元吉二人也。

“大明朝不因文杀人”

夏元吉生于江西德兴，据说其母生他时，梦见屈原来到房中，故称他是三闾大夫（屈原）转世。13 岁时，父亲过世，生活更是雪上加霜，夏元吉学苏东坡之法，将每月的工钱分 30 份悬挂在墙上，每日取用一份，家里微薄的收入，竟能被他支配得井井有条。其师知道后惊叹道：“小小年纪，尤善理财，来日必理大明天下之财。”数年之后，身担大明朝户部尚书重任的夏元吉，果然实现了老师的这一预言。

洪武年间，夏元吉考取举人，进入大明最高学府国子监学习。其刻苦态度颇得执掌翰林院的宋濂赏识，经宋濂推荐，他被选入翰林院负责抄写文稿，每次都既快又好地完成任务。其兢兢业业的态度引起了朱元璋的注意，随即破格提升他为六品户部四川司主事。从此，在这个掌控大明朝财政大权的部门里，夏元吉开始了终其一生的辛劳。

夏元吉为人低调，建文帝朱允炆即位后，升他为户部右侍郎，“靖难之役”3 年间，他操持国家财政，供应前线军粮，费心费力，直到朱棣大兵入城之日，不知城中变故的夏元吉正在值房“上夜班”，连夜点算城防所需用度。最先卖身投靠朱棣的兵部尚书茹常率兵闯入，绑了夏元吉交到朱棣面前，声言夏元吉在靖难之役中“助纣为虐甚多”，激得朱棣怒问夏元吉有何辩解。

夏元吉不慌不忙答道：“君上殉难，臣子理当死节，只是请殿下容臣三天。”朱棣一愣：“为什么？”夏元吉答：“户部尚有账目未点算完毕，此事关乎黎民生计，请容臣三天内做完，再随先君赴死。”这个临危不惧且至死还“牵挂工作”的能臣，终于打动了朱棣。朱棣当即下令将夏元吉释放，官复原职留任，两个月后又提拔他为户部左侍郎。事实证明，朱棣没有看错人。

在升官为左侍郎数月后，夏元吉接到了他任上的第一个重要差事：赴江南治水。夏元吉先反复考察水情，然后力排众议，更改传统治水方法，提议从吴淞河至太湖之间开凿运河，并在沿途设置水闸，控制流量，以求“涝则分洪，旱则灌溉”之效。此举动用民工10万人，夏元吉以身作则，布衣麻服吃住在工地，亲自督工，众人闻之感动，工程大进。因其江南治水功绩，连朱棣的第一谋士姚广孝也称赞夏元吉“古之遗爱也”。

初建奇功的夏元吉自此得到朱棣荣宠，归南京后愈加受到器重，不久后被升为户部尚书，正式担当“大账房”。他借此劝谏朱棣废除“文字狱”，并为朱元璋时代因文招祸的文人“平反昭雪”。夏元吉的一番劝谏，终令朱棣下达了“大明朝不因文杀人”的训诫。一批之前蒙冤几十年的文人，诸多被封杀的诗文著作得以重见天日，明朝文化繁荣、百家争鸣的景象从此开始。

限制皇帝高消费

朱棣被后人评价为一个“好大喜功”的帝王，在历次“大动作”中，不断有人提议用增加赋税的办法解决筹款问题，夏元吉每次都坚决反对，他的诀窍可概括成一句话：“裁冗食，平赋役，严盐法，钱钞之禁，清仓场，广屯种，以给边庶民，且便商贾。”

这些方法中，“裁冗食”最难办，其内容涉及“机构精简”，减少皇室开支用度，甚至限制朱棣本人“高消费”等问题。永乐四年（1406），夏元吉借筹措下西洋经费为由，请旨裁减中央到地方闲散衙门200个，分流近千人。朱棣给诸皇子的赏赐，也经其劝谏，每年俭省近三分之一。朝廷禁军，经其核算淘汰大量老弱残兵，建成兵少战力精的“三大营”。这件件事情都是“得罪人”的，曾有人向其贿赂以图“方便”，夏元吉将众人的贿赂之物尽数挂在家中屋檐下，以表清廉之意。接着流言四起，不断有人在朱棣面前进谗言，好在朱棣对夏元吉信任有加，多次告诫群臣：“构陷夏元吉者，处重罪。”

其他几条政策同时施行，“平赋役”，即增加对富户阶层的税收，减免贫民阶层税收，并允许乡民出钱代劳役。“清仓场”，即清理各地仓库，严查贪污，每遇贪墨要案，夏元吉便亲自核算，屡屡揭穿贪官伎俩。“广屯种”，即招募内地无地乡民去边塞耕种落户。这不是朱元璋时代的“强制迁移”，而是国家出台优惠政策，用免税和经济补助吸引农民前去落户，结果九边各地22年来“户口增倍”，最早从内地“闯关东”的人，也恰出现在这一时期。

身为“大账房”，又面临国家每年“花费如流水”的情景，自然养成了夏元吉“用度谨慎”的特点。样样用款，但凡由他负责，皆小心百倍，认真核算，能省则省，为此他也时常与兵部、户部等部门的官员发生争执，由此得了一个绰号——“夏刺头”。所谓“刺头”，在当时民间方言里是“小气鬼”的意思。

后来，这“刺头”终于刺得朱棣龙颜大怒。永乐十九年（1421），朱棣欲发动第三次北征。深感国家财政日益吃紧的夏元吉竭力阻止，触怒了朱棣，加上一直深恨夏元吉的国公张辅以及汉王朱高煦的争相挑拨，夏元吉被解除职务，送“内宫监”长期关押。幸好深知其才的太子朱高炽从中调解，方才保住了他的性命。

在抄其家的时候，家中仅有布衣和瓦器，朱棣闻之感叹：“果然刺头也。”而北征的结果也不幸被夏元吉言中：朱棣连续发动远征，国家财税捉襟见肘，此时仅大米的价格就疯涨了50倍。朱高炽登基后，赦夏元吉出狱官复原职，首要任务就是解决“通货膨胀”问题。

夏元吉殚精竭虑，再改“严盐法”，另外继续对皇帝“刺头”，禁绝宫廷奢靡消费。明宣宗朱瞻基登基后，夏元吉主持改革商税，减少国内关卡，鼓励商品流通，削减收税比例，做到“税少而财增”，经永乐时代日益空虚的国库，终于重新充裕起来。宣德五年（1430），夏元吉退休，数月后病逝于家中，赠太师。

其实，素来被认为“刺头”的夏元吉也有大方的时候，比如每年划拨给各地收养孤寡老人的养济院的经费，从来都是逐年增加。但凡有各地闹灾，划拨救济粮米均大大超过预算。私生活方面，其亲弟弟从老家来看他，他仅赠米两石，但对京城周边乃至老家的孤苦学子，却时常无私资助。在这位“大账房”眼里，钱用在老百姓身上，也就用在了“刀刃”上。

坚决不做官的吴与弼

张　鸣

古代读书人有没有骨气，在做官这件事儿上，最能显现出来。明朝建立，因为朱元璋的统治过于严苛，很多士大夫不乐意出仕。可这事由不得他们，只要有点名气，如果不为朝廷尽力，那可能会遭来祸事。即便如此，不乐意出山的人仍有不少。

虽然说从古至今，想做官的士大夫是主流，但总能找得到一两个不想当官的人。明英宗时，抚州的吴与弼就是一个。吴与弼是个有学问的人，少年时也曾习高头讲章，走科举之途，但很快就迷上了理学，不再有仕途之想，成为一代理学宗师，创立崇仁学派，学问之大，闻名遐迩。

在明英宗复辟之后，天顺年间，经当时的权臣石亨的推荐，明英宗派钦使造庐登门拜访吴与弼，送了大礼，说是以礼聘伊尹和傅说之礼请他入朝。吴与弼说，感谢皇帝的好意，我可以上北京谢恩，但是，我是不受官职的，所以，礼物就不收了。到北京后，明英宗立即授他左春坊左谕德之职，这个官职是太子詹事府的属官，属于太子的师友，从五品。一介白丁，骤然升此清要之位，已经很优待了。但是，吴与弼力辞。

在文华殿上，明英宗召见吴与弼，问他为何不受官职。吴与弼说，他乃草茅贱士，少有疾病，不堪为官，现在已经60多了，一把衰骨，更不堪为官了。皇帝说，做官也雍容悠闲的，你不必辞。吴与弼说：朝廷之上，官僚为重，哪能不干事呢？皇帝又说，官僚多了，不会偏劳先生的，坚决不许吴与弼辞职。双方你来我往，说了半天，吴与弼就是不肯答应。没办法，明英宗只好送了些礼物，加上羊羔美酒，让太监送到吴与弼下榻的馆驿。

第二天，明英宗跟阁老李贤说，你无论如何得劝吴与弼接受朝廷官职，你告诉他，若是答应受职，不必受拘束，随他怎么都行。就是想回家，也听便，有了官职，以俸禄养其终身，岂不也好？李贤把皇帝的意思转达给了吴与弼，但吴与弼依然不同意。强留了两个月，也没有把这个倔老头扳过来。吴与弼郑重其事地又上了一本，坚决请辞，不受朝廷的官职。

明英宗实在没辙，只好放他回乡，但下令有司，供应他每月食米，送到家里，让他没法推掉。吴与弼很感激，于是上了一个奏折，说了十件事，算是回报，因为他不想欠皇帝的。哪十件事呢？一曰崇圣志，二曰广圣学，三曰隆圣德，四曰子庶民，五曰谨命令，六曰敦教化，七曰清百僚，八曰齐庶政，九曰广言路，十曰君相一德同心。也就是要让皇帝走正路，为民办实事。从此，吴与弼跟皇帝两清了。

吴与弼的父亲去世之后，吴与弼就再也没有去过京城。由于没有做官，家里没有稳定收入。所以，吴与弼就询问妻子如何给家里挣点钱，妻子建议吴与弼办个私塾，不仅能够教育孩子，还能挣点钱。

吴与弼觉得妻子说得非常有道理，就开始办私塾教育当地的孩子，也解决了生计问题。

人们常说古代文人不从政出路逼仄，倒是事实，但有点知识，不至于饿死人，坚守内心的人不会为自己找借口。

一个读书人，任皇帝这样苦苦相劝，就是不肯入仕，自有坚守与傲骨。无论在哪朝哪代，这样的人格魅力清奇出彩。

“明朝第一清官”被人揭箱底

莫清华

明朝成化初年，杨继宗为嘉兴知府。他生性刚正不阿，经常召集乡间父老询问疾苦，帮助他们排忧解难。他还大力兴办社学，民间子弟年满8岁不上学，则要处罚他们的父兄，每遇到学官时都待以宾客之礼，一时文教大兴。

有一次，监察御史孔儒来到嘉兴清理军籍，却暴力“执法”。明朝实行军户制度，户籍分为民籍、军籍两大类，军籍是世袭的。当兵的死了或逃亡了，要在原籍勾取其子弟或孙子来补充。当时军籍混乱，出现了士兵陆续逃亡的现象，故有清理军籍之举。

监察御史孔儒在嘉兴清理军籍时，弄得鸡飞狗跳，老百姓不得安宁，有的老年人禁不住折腾，顶撞几句，就遭到毒打，以致送了性命。杨继宗对此十分愤慨，张榜通告：谁家有被御史打死的，家属可以到府里来报告。

孔儒见杨继宗不买他的账，大发雷霆，对身边的人说：“小小知府，竟然管到我御史头上来了，真是岂有此理!”

杨继宗不怕摸老虎屁股，他专程去见孔儒，毫不客气地说：“治理国家有一定的法度，各级官吏有不同的职责。孔大人身为监察御史，就应当努力举劾不法，剔除奸弊，劝惩官吏。至于挨门挨户，清查户口，维护治安，则是地方官吏的事，用不着御史亲自去管，更不可违乱法纪！”孔儒自知理亏，嘴上说不出什么，但却记恨在心。

孔儒专管纠察官吏，所到之处地方官员无不逢迎拍马。没想到这次竟被杨继宗教训，自感大失颜面，又无法责难他，因此怀恨在心，伺机报复。孔儒临到要离开嘉兴时，还没抓到杨继宗的任何把柄，他想：“当官的人，没有一个不爱钱，杨继宗在这么富庶的嘉兴当知府，还能不刮点地皮？”

一天，孔儒带着几个随从，借口来向杨继宗辞行，突然闯进知府衙门，直入杨继宗的住处。见他室内空空，没有什么值钱的东西，唯有床头放着一口箱子。孔儒心想贵重财宝一定在这里面了，便抢步上前，将箱子打开。只见里面仅有几套破旧衣服而已，孔儒非但没有抓住杨继宗的辫子，反而自讨没趣，悻悻而去。

杨继宗不阿谀权贵，本性廉洁。他赴任时仅一个仆人跟随，官署书斋也都清朴无华。9 年任满，杨继宗被升迁为浙江按察使。在离开浙江时，正如他进入浙江时一样，仍只带原来的那名仆人，全部财物仅有旧衣服和几本书而已。

平日，有路过嘉兴的太监，杨继宗出于礼节送给他们的只是菱角、芡实和历书之类。谁知这些太监在其他地方索拿惯了，贪心不足，竟然开口索要钱财，杨继宗当即发出公牒去领取库中金银，并说：“钱都在，请给我立下印券。”太监哑口无言，伸出去的手又缩了回来。

杨继宗曾多次因公得罪浙江镇守太监张庆，张庆哥哥张敏在司礼监，经常在宪宗面前诋毁杨继宗。宪宗说道：“你说的不就是那个‘不私一钱’的杨继宗吗？”张敏惶恐不安，写信给张庆说：“好好对待杨继宗，皇上已经知道他这个人了。”

杨继宗对老熟人也一样不徇私情。后来，他巡察云南，云南官吏中有许多老熟人，大家见他去了都很高兴。但是，私交场面过后，杨继宗拱手施礼说：“明天开始办公事，倘有不客气之处，希望大家多多原谅。”随后罢免了8名不称职的官员。这当中，就有他的老熟人。

杨继宗巡察云南后不久逝世，被世人誉为“明朝第一清官”，其名著青史，成为后世敬仰的一代名臣。

汪应轸背纤送贪官

《廉政瞭望》资料室

明朝进士汪应轸，正德十二年（1517）被选为翰林院庶吉士。庶吉士竣业后，本当授官给事中，因为得罪了皇帝，他被外派到泗州知州。泗州历来土瘠民贫，百姓不愿从事农桑之活。汪应轸到任后，买桑劝耕，又招募江南女工，到泗州教百姓养蚕缫丝，百姓生活慢慢有了着落。

此时明武宗借着江西宁王朱宸濠造反，下诏御驾亲征，其实不过是乘机南巡游乐。武宗南巡，宦官充当先遣，这些人仗着皇帝威势，沿途搜刮骚扰，致使百姓苦不堪言。

消息传到泗州，汪应轸费了些心思，他既不能抗旨不遵，又不愿看到百姓被害，思来想去，终于想出了一个好办法。汪应轸亲自率领壮士百人来到河畔，挽好纤绳，待那些宦官一到立即请上舟船，汪应轸一声令下，众壮士呼声震地，牵舟而行，顷刻百里，将这群宦官送出了泗州境。这群宦官又气又恨，又无可奈何，还没有开口敲诈，就被送走了。

但这些宦官平日作威作福惯了，吃了哑巴亏，当然不甘心。等到武宗回到南京后，他们就开始寻机报复，他们假借圣旨，命泗州进献美女数十人给武宗。宦官本想找些美女讨好皇帝，也好趁机敲诈汪应轸一番，谁想汪应轸却找来几个种桑养蚕缫丝的农妇，请宦官带回宫中传授蚕事，宦官最后只好打消了敲诈的念头。汪应轸为泗州免去了一场祸难。

明世宗即位后，知道汪应轸的名声，将他复官给事中，汪应轸离任之日，送行的乡亲父老忍不住落下泪来。

汪应轸为官清廉，家贫无余货，据说其郡侯曾捕获犯法豪民，本当处死，郡侯告之豪民若能求得汪应轸的一张手条，则可免死。豪民找到汪应轸，愿出千金得此手条，汪应轸斥责拒绝。他就是一生清正，死后乡里祭之于乡祠，并私谥为“清宪先生”。

孤独海瑞：一个人的战争

史　文

在官场，他以刚烈著称，不仅敢抓顶头上司的儿子，而且拒绝给巡访京官提供食宿；在民间，他深得百姓爱戴，百姓亲切地称他为“海青天”，在他去世时为其披麻戴孝，沿途百里相送。海瑞，数百年来一直受到人们的景仰。

关押上司之子

海瑞40岁时才谋到他的第一份差事，为福建延平府南平县教谕——一个掌学政、教诲生徒的职务。上任不久，海瑞就引起了一些关注。

延平府的督学官到南平县视察工作，一同前去迎接的两位学正都跪地相迎，可海瑞却站着，只行抱拳之礼。面对督学官的斥责，海瑞不卑不亢地说：“若至台院，当以属官礼见，此堂乃师长教士子之地，不当屈体。”海瑞由此得到一个“笔架博士”的雅号。

几年后，海瑞被授予浙江严州府淳安县知县之位。海瑞上任后，严格按标准接待，对吃拿卡要的官员毫不客气。

一次，总督胡宗宪的儿子路过淳安县，接待人员按规定标准为其提供食宿。胡公子不满意，就向负责接待的驿吏大发雷霆，还把驿吏倒挂起来，鞭打训斥。海瑞得知，派人把胡公子关押起来，并没收了他随身携带的千余两银子。海瑞说："胡总督为官堂堂正正，他一直教育属下不要铺张浪费。现在这个人行装奢侈，一定不是胡总督的儿子。"胡宗宪只好打掉牙往肚里咽。

后来，大贪官严嵩的狗腿子左副都御史鄢懋卿出巡两浙、两淮盐政过境淳安，海瑞拒绝给他浩浩荡荡的随从队伍提供食宿，气得鄢懋卿只好绕道而行。

上疏骂皇帝"昏聩"

1566 年，海瑞任职户部主事。当时的嘉靖皇帝崇信道教，荒废国事。海瑞直接上疏，罗列了嘉靖皇帝的种种罪行，认为皇上昏聩多疑、刚愎残忍、自私虚荣。既是昏君，又是暴君。普天下的臣民百姓，早就对皇上有意见了。希望皇上改掉这些坏毛病！

嘉靖皇帝愤怒地把奏疏扔到地上，对左右吼道："快把这个姓海的抓起来，不要让他跑了。"宦官黄锦在旁边说："这人向来有傻名。他上疏时，就知道自己犯了死罪，已经买好了棺材，和妻子诀别。他的奴仆们都吓跑了，他是不会逃跑的。"嘉靖皇帝听了默默无言，最后实在窝火，还是把海瑞关入了大牢。

1569 年夏，海瑞被任命为应天巡抚。当地的官员听说后，有的请求调离，有的请求告老还乡。那些飞扬跋扈的权贵，纷纷把宅门由红色改漆成黑色；平时作威作福的官员，也把轿子由 8 人抬换成 4 人抬。

海瑞的刚正也注定了他的任期不可能长久。没多久，海瑞就被革职回乡。事实上，在官场上，海瑞始终是孤独甚至是孤立的。纵观海瑞的一生，自 40 岁步入官场，到 74 岁病逝在任上，前后历经 34 年。在这 34 年里，他被撤官或主动辞职的时间长达 16 年。

两斤肉为母亲做寿

海瑞说："若天下的官员都不送礼，也不见得都不提升；若天下的官员都送礼，也不见得就没人被罢免。"海瑞本人穿布袍，吃粗粮，让老仆人在自家后园里种菜，自己有空也和家人一起劳动。有一次，给母亲过生日，海瑞只买了两斤肉。

海瑞没有私财。1570 年，海瑞辞职回到海南老家时，只能住在早已破旧不堪的旧宅，靠祖上留下来的几亩薄田和授徒讲学维持生计。母亲去世后，海瑞还是靠别人的资助才买了一块坟地将母亲安葬。

7 封辞职信均未获准

海瑞个人的悲剧也是那个时代的悲剧。现实与理想的差距，导致他与同僚之间发生了激烈的冲突。

得知有一位御史招引艺人上门演戏，海瑞搬出明太祖的规定：文官及武士听戏唱曲，要割舌，至少也要打板子。海瑞这一直言，引起众大臣一致抗议。海瑞不知道，那时官场上的许多规定都成了表面文章。海瑞像一个孤独的斗士，独自战斗。

万历皇帝亲政后，打算让海瑞重出江湖。但因为百官的坚决反对，只好安排海瑞做一个有名无实的南京右都御史。这让海瑞彻底绝望了。他一口气向万历皇帝递交 7 封辞职信，但均未获准。海瑞只好留在南京任上，过着孤苦的生活。没过多久，他就郁郁寡欢地死去。他的死讯传出后，南京的商户和百姓自发罢市以示祭奠。海瑞的灵柩是用船运回家乡的，途中，穿着白衣、戴着白帽的人站满了两岸，祭奠哭拜的人百里不绝。

海瑞在官场和民间享受的待遇是天壤之别，这不得不让后人反思封建时代的行政体制。在那种体制和社会里，海瑞以一人之力反抗当时满朝的贪污腐化，尽管命运因此而注定成为悲剧，但他一生高洁，出淤泥而不染，得以流芳百世。

将眼泪包去做人事

《廉政瞭望》资料室

明朝嘉靖年间，山东东平出过一位名叫许应逵的知州，是一位廉洁奉公的清官。他在任期间，推行了不少有利于百姓的政策，因此受到当地百姓的拥戴。后来，他的廉洁奉公得罪了同僚中的小人，结果遭到他们的诬陷，被迫调任他处。

许应逵调任的消息传出后，州内的官员百姓奔走相告，纷纷前来为他送行，人们都为失去这样一位清廉的知州感到难过，不少人失声哭泣。

许应逵的心情也十分激动，他恋恋不舍地离开东平上路，当天晚上住到旅店中，心里总是忘不了东平父老乡亲的深情厚谊，于是感慨地对身边仆人说："为吏无所有，只落得百姓几眼泪耳！"

仆人听了，叹口气，说道："老爷囊中不着一钱，只好将眼泪包去做人事，送亲友。"

许应逵听了仆人这话，忍不住拍手大笑起来。

在贪墨成风、贿赂公行的明朝后期，像许应逵这样把百姓评价看得比金钱重要的官吏，实属难得。

“天下第一廉吏”于成龙

李治亭

清顺治定鼎北京伊始，首重吏治，从严整治明末以来的吏治腐败，摄政王多尔衮有一句名言：“贪官必诛，何必论赃多少！”康熙朝大治天下，也把吏治摆在了首位，宣布：“惟以察吏安民为要务。”这样的为政特点与时代政治，造就了绝非偶然的“天下第一廉吏”于成龙。

独赴危境，他仅一驴相伴

于成龙，清山西永宁（今吕梁）人，顺治十八年（1661），45 岁的他任广西罗城县知县。从其家乡到任职地，有 6000 里之遥，罗城地处万山之中，一年四季毒瘴弥天，又屡经战火，城郭无存，百姓外逃，豺狼虎豹白昼肆行。这里瑶、壮等族杂居，攻杀不已。友人、亲戚视罗城为危地，多劝阻免行。于成龙感慨长叹：“惟国家所使，人生仕宦，岂择险易哉？”临行时，他对亲朋表达自己的志向：“此行决不以温饱为念，所自信者，‘天理良心’四字而已。”说完，跨上一头驴便走。

于成龙初到罗城，凡目光所及，一片荒烟，居民仅数家，看不到行人，到处是残垣断壁。大白天就听到野狼阵阵号嗬，入夜，猿啼不止。没有官邸，他自寻一间无人住的破屋，前半截作为办公地，没有几案，就挖土堆垒成桌。后半截为居室，与两个仆人合居。旁边放置一锅一盆，作为炊事用具，就地生火煮饭。他日食粗粝，为应付潮湿，每晚只饮酒四钱。他与仆人拔除青草，插棘为门，这里就成了罗城县衙。

每天早晨，于成龙必外出讯问百姓疾苦，商量兴农之事。他上下悬崖绝涧，不辞劳苦，奔波于各处。在田野上，他一遇到农民就与人攀谈。当地百姓一听说于成龙到了，都拥上前来，环坐在树下，给他拿来饮食，欢声笑语，如同家人。他动员当地百姓建造房屋，召回外散的人口居住；奖励勤于农事的人，公正地解决瑶、壮族人相仇的矛盾，建乡勇，震慑瑶族头人，地方从此获得安宁；建养济院，扶助穷困；创设学官，鼓励子弟读书。仅3年，罗城由死气沉沉变得生机勃勃。至7年，县大治，各族和谐，社会安定。

于成龙在罗城，如史书所评：“与民相爱如家人父子。”故深得罗城民心，百姓对他百般爱护。县民都乐意纳田赋，主动交给他过目，又经常留数钱在他的案桌上。他不解，就询问是何意。乡亲说：“阿耶不要‘火耗’（明清附加税之一），又不谋衣食，难道还不买点酒喝吗?”他大受感动，只留能买一壶酒的钱，其余退回。他一人生活，孤苦伶仃，罗城人十分同情，每天早晚集合一大批人前去问安。隔几天，就集体凑些钱馈送给他，恭敬地跪在地上，说：“知阿耶清苦，我们供些盐米费，请收纳!”于成龙谢绝：“我一人何需这么多东西?你们拿回去，奉孝父母，如同爱我一样。”罗城人只好将钱收回。

有一天，罗城人听说于成龙家人来看望，奔走相告，说阿耶家人来，需要钱物安家。于是，大家又凑了些钱送去于成龙的住处。于成龙笑着说："此去我家6000里，单人携带钱物负担太重啊！"说完，让他们都收回去。罗城百姓伏地哭泣，坚决恳请于成龙收下，于成龙亦哭，最终还是拒收。

康熙六年（1667），于成龙被提升任四川合州知州。当他离开时，罗城百姓一起出动，拥塞道路，追送数百里，痛哭而回。

合州在四川大乱之后，州中遗民百余人，地方残破，穷困状况与罗城不相上下。于成龙到任，革除积弊，招民垦田，贷以耕牛与种子，只月余，民增至千户。

后来，他升任福建按察使。乘舟上任，行前派人买了数石萝卜搬上船。别人都觉得奇怪，不禁笑问："萝卜是贱物，何多为？"他答："我沿途吃饭，全赖此物。"

官至总督，他依然驾驴车赴任

于成龙官越做越大，作风却一如在罗城县时。其属员及下属机构官员不时地给他送礼，尤其他掌管一省司法，为请托而前来馈送钱物、打通关节的人很多。于成龙始终一个态度：一律回绝！各级官吏畏惧，再也不敢送礼了。不久，他被提升为直隶巡抚。至此，他真正进入封疆大吏之列，但还是清廉依旧。第二年，他进京觐见，康熙帝当面称赞："尔为今时清官第一，殊属难得！"

于成龙在巡抚任上时，总有一些亲戚、朋友相托求办私事，他一概严厉拒绝，所属人员及亲友时有馈送礼品，他是"一介不取"。康熙帝大为赞赏："知其家计凉薄，特赐内帑银一千两、朕亲乘良马一匹，以示鼓励。"

康熙二十年（1681），康熙帝授于成龙江南江西总督，地方官吏大多以此职为极限。从直隶赴任南京，于成龙与幼子雇驴车一辆，各带钱仅数十文，沿途投住私人旅舍，不去惊动当地官设驿道公馆。在繁华的南京城，他仍过着简朴的平民生活，每天只吃青菜或豆腐，江南人称他为“于青菜”。仆人喝茶没茶叶，每日采衙后槐树叶当茶叶，不久，树叶都被采光了，成了秃树。他的儿子冬天只穿粗布棉衣，江南风俗侈丽，在于成龙的倡导和身体力行下，当地改穿布衣，士大夫家出门减舆从，婚嫁不用音乐……于成龙办公通宵达旦，常穿上便服深入民间私访，察知民间疾苦及属吏表现。属下官员无不谨慎供职，吏风大为改观。

于成龙以总督之贵，后又兼摄江苏、安徽两地巡抚事，权力如此之大但仍不改昔日清廉作风，生活极其清苦。他的长公子自山西来看他，当其返家时，署中刚好有一只腌鸭，他用刀砍下一半给了儿子，备其途中食用。此事传至民间，遂有“于公豆腐量太狭，长公临行割半鸭”之谣。

于成龙历官20余年，从不携带家眷。去世时，将军、都统及同僚属吏入府吊唁，府中几无他物，吊唁者无不隐然为之哭泣，市民闻讯，罢市聚哭。

康熙帝南巡时向大学士们感叹：“于成龙实天下廉吏第一！”又叹道：“居官如成龙，能有几人耶！”

张鹏翮的政德风范

李耕枞

“天命靡常，惟德是辅”，“为政以德，譬如北辰，居其所而众星共之”。一代贤相张鹏翮以布衣入仕，历官55年，无论是在职还是身后都备受朝野称羡。张鹏翮之所以备受朝野尊崇，关键在其以身许国、实心任事、清正持己、持躬礼法的政德风范。

修齐治平，首先是修身立德，而博学就是修身立德最直接、最有效的办法。

张鹏翮于顺治六年十一月十七日（1649年12月20日）出生在四川遂宁县黑白沟（今四川省遂宁市蓬溪县任隆镇黑白沟村）一个忠孝为本、诗书继世的耕读之家，从小就潜道修身。

张鹏翮2岁就端静如成人，3岁便在西充县槐树场跟随父亲张诵读《大学》，10岁受业于西充名士白太庚，13岁拜川中名儒、遂宁赤崖沟精舍彭玉垣为师，每天晨诵诗文、夜习经史，“泛爱众而亲仁”，“尊德性而道问学，致广大而尽精微”。张鹏翮的修身、处事、接物自然深得先圣的精髓。

此外，三国时期的关羽对张鹏翮政德的形成也影响颇深。张鹏翮少年时代读书的赤崖山二龙庙，旁边就有关夫子庙。每当读书之暇，张鹏翮都要敬拜关羽。从政后，他不仅写信叮嘱兄弟要修好赤崖山读书处的关夫子庙，而且还在各种官任上供奉关羽。张鹏翮后来在解州祭关帝庙后，曾为《关夫子志》作序，称赞关羽“刚大之气，忠义之概”。

张氏治家严于始而慎于微。“三派辛勤躬稼穑，百年清白事诗书。”张氏家族的入川始祖张万与其子张永成，都是穷不丢书、不尚浮华、勤躬稼穑的读书人。张鹏翮的天祖张福睽、高祖张尚威是洞明世事、淡泊名利、乐善好施的处士。烈祖张赞，为明景泰五年（1454）进士，历任礼部主事、员外郎、郎中和云南姚安知府，其惠政卓著，吏民称颂，崇祀名宦祠、乡贤祠。

张鹏翮曾祖张惠，性嗜书，持家严而有度。“人家子孙，切不可姑息，若骄养质惯了，性子长大，必难拘束”，他曾当着众多子孙的面感叹，“吾生平以济人利物为心，一念一虑，恒恐获罪天地鬼神”，并时常告诫子孙：不要空记硬背，而是要用心感悟，改变精神。

张鹏翮出生在迁徙途中，从小跟随父母在顺庆、西充槐树场大堰沟等地之间辗转，直到顺治十八年（1661）他 13 岁的时候才回归遂宁，在城东赤崖山（今遂宁市船山区河沙镇赤崖村）居住。

早年的颠沛流离，风餐露宿，让张鹏翮深知家道衰败、一日数迁的艰辛，饱尝民众无田能耕、无粮可吃、无衣可穿之苦，从小便发愤读书，6 岁曾在保宁（今阆中）城里的白花庵手书“大觉禅林”4 个字，9 岁便初露诗文才华。

张鹏翮从小就以圣贤自许，他在读《陆宣公奏议》时，曾慨然感叹：“伊尹一介不取，孔明淡泊明志，先圣后圣，其揆一也。”在他去世前的数十日里，仍拖着病体为张氏重修族谱，口授《张氏家乘》序言，谆谆告诫子孙，摒除恶习、力于勤俭，循分尽职、谨守礼法。

在官场，“欲知平直，则必准绳；欲知方圆，则必规矩”。要出淤泥而不染，就必须知敬畏、存戒惧、守底线。

张鹏翮以一介布衣入仕，后入阁拜相，历来为朝野尊崇。他曾在《信阳子卓录》袒露：“居官要守得穷秀才本色，庶无贪念，不然人方荣华，而我寂寞；人方肥马轻裘，而我敝衣羸马；人方享妾之奉，而我伤北之叹。道心不定，未有不丧其所守也。”“守官只要律己公廉、执事勤恪，昼夜孜孜、如临渊谷，便自无他患害。”他经常在无人时、细微处反躬自省，不以善小而不为，不以恶小而为之。

此外，张鹏翮还给子孙立规：“任官不得以贿拜官，殆辱祖宗”“自奉宜薄，而待师友则宜隆……与贤于己者处，常自以为不足则日益；与不如己者处，常自以为有余则日损”。

刘荫枢计除门税

刘永加

七品芝麻官徐九经有句名言：“当官不为民做主，不如回家卖红薯。”这代表了古时许多官员为民办事的心声。但他们办事时往往会受到来自方方面面的制约，不容易办成。在这种情况下，聪明的古代官员就会使出巧劲儿，去化解危机和难题。

清康熙年间，有一位叫刘荫枢的官员，以敢于言事、厉廉戒贪而闻名，康熙帝对他非常赞赏。康熙三十七年（1698），他受命做了江西赣南道员，权力介于巡抚、总督与知府之间。

刘荫枢一贯秉承“子欲为忠臣乎？夫爱民即忠臣也”的从政理念，到赣南上任后，多次微服出访，废除了米市牙人借以勒索的牙税，深受百姓欢迎。后来，刘荫枢又发现赣州府有一个奇怪的现象，凡携物进城的人等，一律缴纳门税，否则不许进城。而设门税搜刮民脂民膏的正是这里守城的镇将。这使刘荫枢感到十分为难。按理说，作为道员，刘荫枢完全可以革除这项不合理的征收，但是在地方上做官，他也需要处理好与镇将的关系。刘荫枢左思右想，终于计上心头。

一天，刘荫枢暗中派遣两个家丁化装成平民百姓，让一人带着布匹从南门出，东门入；另一人挑着麦子从西门出，南门入，如城门收税，就用布、麦作抵押，然后回官府取税金，二人领命而去。随后，刘荫枢设宴招待镇将，并邀请赣州知府作陪。酒过三巡，谈兴正浓，忽然，那两个家丁急急忙忙来到堂前，跪在刘荫枢面前说："我们带着买来的布匹和麦子进城，却在城门口被告知要收税，我们没有钱，布匹和麦子现在都抵押在城门口了。"众人一听都很吃惊，刘荫枢却装作很生气的样子，问是何税。二人告知是城门税，刘荫枢接着说："进城收城门税，这是暴政啊！道员府买东西尚且如此，那么老百姓岂不更难？对不起，我不能再照顾镇帅的面子了。"说完就拂袖而起，一旁的知府不知所措，而镇将更是惭愧而退。第二天，镇将就下令革除了门税。刘荫枢又摆了一桌酒席，将镇将请来，刘荫枢向他拱手说道："镇帅能够闻过即改，是百姓的福啊，我要感谢你。"

刘荫枢以计革除门税，为赣州百姓除了一个大害，因而得到了百姓的爱戴。后人在谈及刘荫枢这一做法时，有这样一段评论："此举惠人之政，以委屈行之，其权术尤可爱也。"意思是说，为百姓办实事，使用点权谋也是很可爱的。

文人知县段玉裁

舒 炜

我们今天对“廉”字的解释，就来源于段玉裁。他在书中解释说：“廉，棱也。引伸之为清也，俭也，严利也。”

清乾隆四十五年（1780），正值盛世，在爱新觉罗·弘历眼里可谓是海晏河清。扬子江心，一艘顺江而下的船上因满载72箱沉甸甸的货物而显得摇摇晃晃，船头有个官员打扮样的人早已归心似箭。

此人是刚从四川巫山知县任上辞官的段玉裁，47岁的他虽然正值盛年，却因病不得不回江苏金坛老家，可在回家的第一天晚上，就遭了贼。

段玉裁先后当过4个地方的知县，更是当朝有名的大学问家。后世人们读古籍，常见注释里有“段注”，即段玉裁所著《说文解字注》，他也因此被称作“字仙”。

作为名人，又是回乡的县老爷，再加上几十箱宝贝……很难不让强盗们眼红。可是，第二天，这些被抢的箱子竟全部原物奉还。原来，强盗们发现箱内全是书……

两知富顺难为水

段玉裁出身贫寒，26 岁中举后在京师任教 10 年，朋友们都知道，他的日子一直都过得紧巴巴的。即使后来在贵州玉屏做了 3 年知县，依然没有摆脱经济上的窘境，这种情况一直持续到他到四川。

入川第一个职务，是到川南大县富顺候任知县。富顺境内多盐场，商业发达，段玉裁刚来，就收到了盐商的“糖衣炮弹”。

一天，县衙门口发现了两口巨大的箱子。衙役打开一看，里面居然是 500 两白银和 30 丈绸缎，并具有名帖。原来是自流井一名盐商听说新来的县老爷手头并不宽裕，特送上礼物，希望段玉裁能把他名下 500 亩耕地和 800 亩山林的赋税减免了。

要知道，乾隆时的知县每年的俸禄只有 45 两白银，段玉裁此时还仅仅是个候补知县，年薪还要更少，这亮灿灿的 500 两白银他还真可能是第一次见到。段玉裁见后，没有直接说行或是不行，沉吟片刻后，叫人把盐商请来。

段玉裁指着纸上的一个“赇”字说：“你看，这个字左形右声，左边是宝贝的‘贝’，右边是一个‘求’字。有的人一边向他人送财物，一边又向接收财物者提出非分要求，这就叫‘贿赂’。”说着当面将礼物退还盐商，表示“君子爱财，取之有道，不义之财，坚决不要”。

段玉裁除短暂出任过南溪县令外，仍有 4 年多时间前后两次在富顺任职。他日间勤于政事，政简刑清，案无留牍，垂夜则焚膏继晷。

每至深夜，富顺西湖边一灯荧然，当地老百姓都指着灯光相互诉说着：那就是我们段知县的读书楼，知县大人又在读书了。而就在这座读书楼里，他写出了传之于后世的名著《说文解字注》。

我们今天对“廉”字的解释，就来源于段玉裁这部书。他在书中解释说：“廉，棱也。引伸之为清也，俭也，严利也。”

除了是县令，段玉裁更是文人，文人自然爱关注文人之事。从宋朝到明朝，富顺出了200多名进士，举人、贡生逾千人，“才子甲西蜀”“才子之乡”远近闻名。不幸的是，明末战乱让富顺屡遭兵祸，人口锐减，段玉裁到富顺前的乾隆年间，当地只出了两名进士，树立榜样、重开文风也就成了当务之急。

段玉裁重修了闻名后世的《富顺县志》，借以发挥资政育人的历史功能；又扩建了之前的西湖书院，增加学舍和宿舍，增招了几十名生员。当时一个叫李芝的县人，从湖北枝江知县任上辞职回乡办书院，有几十个学生，段玉裁“亦时过书院，议论辄竟日”。自此，富顺文风重盛，整个清朝，当地一共出了34名进士、237名举人。

曾有人称，逛西湖的百姓一拨一拨从眼前闲散而过，雾霭慢慢自湖中升起……这应该是段玉裁理想的生活。离任后，富顺老百姓则在他的住处手书“循吏段玉裁先生公余读书处”，以示纪念。

除却巫山不是名

正是在富顺知县任上做出的政绩，让段玉裁得到了朝廷的关注。43岁那年，他到成都县担任候补。等待的滋味段玉裁不是没尝过，因为不是进士出身，他一生仕途的大部分时间都在等待中度过。

段玉裁在成都过了一个暖和的冬天，不过在开春的乾隆四十五年（1780），调令来了，结果却是去四川最东面的小城巫山，段玉裁在这里第一次感受到了三峡的寒意。

去巫山，其实是担任“救火队长”的。当时这里正闹着饥荒，物价飞涨，也饿死了不少人。段玉裁在问明粮仓还有不多的储粮之后，做的第一件事就是开仓济贫。历史上没有留下这一事件的细节，《巫山县志》上只有寥寥几笔：“段玉裁江南金坛举人，乾隆四十三年莅巫。时值饥馑，斗米钱二贯。公到，先开仓发赈，乃请上宪，全活甚多。”

但谁都知道，在古代私开粮仓是要问罪的。但“全活甚多”的结果证明段玉裁的选择是正确的。在熟悉巫山政情之后，段玉裁对当地一些旧习弊制进行了废除，还拿下了一批地头蛇。

繁忙的政务让段玉裁无暇顾及著书一事。最终，他实在不愿意再做官，两年后，终于因病回到了家乡金坛。

回乡后，段玉裁把全部精力放在著书立说上，但偶尔也会想起自己在四川为官的十年，这和在京的十年一起构建起了他的为政经历。

段玉裁一生清贫，他死后，儿子不得不变卖家产才将其《说文解字注》刊刻问世。而他在临终前仍不忘告诫最疼爱的外孙，要“博闻强记，多识蓄德，努力为名儒，为名臣，勿愿为名士”。而那个外孙的名字叫龚自珍，自小蒙外公亲授《说文解字》，受用终身。

清廉知县“审”石头

樊碧贞

清朝时的威远县令李南晖是甘肃通渭人，因“耻以貌博官”，躲避皇帝大挑，所以直至56岁才被授予威远知县一职。在任14年间，他体恤民情、勤政务实，修城池、筑河堤、架桥梁、建书院、修县志……“百废俱兴，民心爱戴，欢若一家”，民间称呼他为“清廉知县”。

清乾隆三十年（1765），李南晖到任。次年便募资开修“几几不可支”的东桥（原名观澜桥）和北桥（原名义津桥），总耗时十余载。在此期间，李南晖又发现县城无城墙可固，一派颓败景象。于是，乾隆三十五年（1770）春三月，雇役金木土石各匠夫，开工兴修县城（城墙）。匠人们起早摸黑，城墙是一天一个样。

有一天，李南晖到现场巡查，见到城墙已有半人高，很是欣慰。他走到一段新砌的城墙前，情不自禁地抚手一摸，没想到石沙纷纷落下。李南晖顿感此事非同小可，遂唤人前来相问。不多时，一衙役领人前来，李南晖一瞧，认出此人是县城余翰林家的管事。

原来，余家见县太爷发出的布告，知道城池修建非小工程，自然也能挣下不少银子，于是就包揽下其中一段。为了免除长途运输的花费，就用附近所产的劣质泡沙石代替青石，心想时间一长，长上青苔，谁能看得出区别来呢。

万万没想到，这县太爷一来，不光是看，还用手摸。这一“审”石头，问题就暴露出来了，得赶快想个办法应付。只是，还未容他想好对策，李南晖就开口问道：“知道唤你前来所为何事?”管事心里直打鼓：“回县太爷，小民不知。”李南晖虽然心里很恼，却并没发怒，只说：“没有想到你们翰林家也会办这种事。难不成要从这城墙上扒层皮下来?”余家管事听了羞愧得无地自容，赶紧回去向余老太爷汇报。老太爷满不在乎地说：“无妨，拿上些银子，此事自然无虞。”

第二天，就有人前往拜访李南晖，说道：“此乃一点小意思，还请笑纳。”李南晖言：“吾若收之，有负圣上之托，有负百姓之望。不如，尔等将其捐作修城之资，行为可嘉。”

此事一传出，前来捐资者众。从此，再无人敢偷工减料、以次充好。李南晖随后于西门建碑亭一座，晒出县城兴修起止时间、长宽高尺寸及用工、钱币花费明细。他的这一创举，既保证了城池修建的质量，也让参与修建的人和官员接受监督。

正因为如此，威远县城在建成后赢得了极高的美誉，至今仍保留有古城墙 523 米。人们在感慨这一建筑奇迹时，更念念不忘知县李南晖的清廉之举。

“铁面御史”李漱芳

郑深宇

清乾隆年间，四川渠县人李漱芳因“参奏当时权要，言人所不敢言”，有“铁面御史”之称。

李漱芳原名李清芳，其父希望他像兰草一样“奕奕清芳”，成为正直高雅的君子。

从四川盆地到华北平原，李清芳学优登仕，一气呵成。在母亲去世后，他承担起照顾幼弟的担子，一边“包裹布与巾，中夜再三起；邻媪乞乳尽，软嚼糜粥饲”，一边“背灯究经史”，过了6年“放声口若钳，回顾泪渍纸”的日子。在这6年间，他先后通过府试、乡试、会试、殿试，以24岁的年纪进士及第，踏入仕途。

高山大河阻挡不住李清芳的进取之路，渠县的一介布衣转眼已是六部京官。但进京后不久，李清芳就遇到了一个不大不小的问题。

北京也有个李清芳

乾隆二十二年（1757），李清芳入京为官。很快，户部主事李清芳就发现“京官有与同名者”。万万没想到，时任兵部侍郎也叫李清芳。

“老李”比“小李”年长30多岁。当福建人“老李”以新科进士的身份入翰林院学习时，四川人“小李”才刚刚学会走路。“老李”不仅年龄大、资历老，身上还有几个独特的标签。

一是“学二代”。福建安溪李氏是资深的书香门第，父子兄弟皆为“考霸”“学神”，百年内曾出现过“四世十进士七翰林”的科举盛况。二是“官三代”。“老李”的叔祖父李光地曾官拜文渊阁大学士，父亲李锺侨出身翰林院编修，哥哥李清时曾任山东巡抚，可以称得上“世代簪缨”。三是“刚直御史”。“老李”先后做过广东道监察御史和兵科、刑科给事中，虽因冒犯皇帝被多次“严加申饬”，但始终刚正直言，凡有关国计民生之事“无不奏陈”，比如他建议放宽奉天海禁等，奏折一上，即被采纳推行。

出于对前辈的尊重，初涉庙堂的“小李”当年就“呈部改漱芳”。

李漱芳“学优才赡，崇尚气节”，在户部任职不到一年，就被任命为河南道监察御史。

直言敢谏的“老李”对李漱芳影响非常大。“御史之设，所以防壅弊，必取特立独行、无所依傍者”，对照着“老李”的话，“小李”特别注意慎独慎友。他“在京都时，耿介自处，不妄交一人。除上朝预班，入部办事外，即闭门静坐，貌若高僧”。

“铁面御史”的厉害

福隆安是当时炙手可热的权臣、富察皇后的亲侄儿、乾隆帝的四女婿，年纪轻轻就做到工部尚书一职。随着权力越来越大，他手下的人也越来越放肆。一个名叫栾大（一作蓝大）的家奴倚仗着主人的权势，经常“招徕无赖辈，肆行市衢间”。一天晚上，栾大和朋友照例在金陵楼喝酒，不知何故竟互相扭打起来，闹得满城风雨。巡城御史永明和陈憬知道后，因畏惧福隆安的势力，既不制止，也不上报。专管治安的巡城御史尚且如此敷衍，其余官员就更不敢吱声了，一时之间，城内“无人敢过而问者”。

碰巧的是，李漱芳当晚“巡视中城”，亲眼见到栾大闹事、官员袖手旁观的一幕。他当即下令将栾大抓捕，取证审判后，上了一道弹劾奏章，如实报告了栾大的劣迹，并指出这种仗势欺人的风气如果日益滋长，将“贻累于椒房（皇后），其攸关甚巨”，必须对栾大严肃处理。巡城御史徇顾私情，更该受罚。福隆安“以忠谨传家”却没有管好家奴，亦难辞咎。

史书记载，乾隆帝看完奏折后朱批“所奏甚是”，立刻召见李漱芳，当面称赞他“据实参劾，甚属可嘉”，并提拔他担任工科给事中——直接监督福隆安主管的部门。此案的处理结果是：栾大交付“刑部从重治罪”，两名巡城御史“严加议处”，福隆安被点名“明白回奏”并罚俸为诫。

经此一事，李漱芳声震京门。同时，以福隆安为代表的名公巨卿知道了“铁面御史”的厉害，开始管教门人家丁，权臣家奴的骄横风气明显收敛。

直言惹来“穿小鞋”

乾隆三十九年（1774），山东寿张县王伦打着“清水教”的旗号起义。聚集的农民军一路攻占寿张、临清等地，不仅打砸县衙，还控制了临清境内的运河，阻断漕运。消息从山东传到北京，朝野上下议论纷纷。

众说纷纭之际，李漱芳默默递上了奏折。

他直言农民聚众滋事是饥寒所迫，“虽曰奸民”，实则是“无告之饥民”。因为那年山东“雨泽稀少，麦收歉薄”，地方官员为了政绩，不如实上报收成情况。而督抚官员不知灾情，反而额外增加赋税，才导致了“不法之徒乘机起衅”。

他还说这种情况并非个例，主张要平定起义，必须先安抚饥民，建议乾隆帝停止征剿，尽快查清灾情，安置受灾百姓，再“宽其徭役，给其籽种，俾得豫为来春之计”。

李漱芳掌握的情况虽然基本客观，但却惹恼了乾隆帝。他看完奏疏，当场就回复了意见，只是这次的意见与上次截然相反。

“李漱芳所奏一折实大不是!”

皇帝的关注点根本不在“是否饥民”上，只要“聚众叛逆，劫库杀官”，就属于谋逆，对这种行为必须严惩。他严重怀疑李漱芳和自己不是一条心，有沽名钓誉的不良意图，不然怎会“置顺逆大义于不问”，一心为叛逆者辩护?

奏折触犯“龙颜”的第二处，在于捅破了饥荒严重、官吏推诿的窗户纸，刺破了乾隆帝的“盛世梦”。

“若果歉收，各村庄何从得有粮食，以供贼攫掠?”

“若系灾民，岂有见仓粮不取之理?”

“若地方官讳匿灾伤，又岂肯请发仓米?”

乾隆帝连发三问，似乎是在论证王伦一伙是奸民非饥民，指责李漱芳不该夸大灾情。但说到底，他是在倔强地维护“盛世明君”的尊严。

为此，他专门派人带着李漱芳到卢沟桥等京郊城镇实地查看，结果发现“无流民”。起义平定后，又命令李漱芳到审讯俘虏的现场“旁视”，结果没有一人承认是饥寒所迫，问到收成时都说“秋收尚及半”。

乾隆帝对调查结果和证人口供很满意，王伦起义纯属邪教图谋，清朝的统治绝无问题。他开始思考要如何处置李漱芳。“打一巴掌给个甜枣”是乾隆帝惯用的招数，他一面指出李漱芳“代奸民解说，心术不可问”，必须撤去其谏官之职；一面又抬出圣人的“恕道”，网开一面将他降为礼部主事。

李漱芳因直言被贬，在清廷也引起不小震动，很长一段时间“无人敢言事”。

实际上，乾隆帝的恼怒并未轻易消除。4 年后，李漱芳因工作出色，吏部尚书永贵保举他晋升员外郎。但乾隆帝不但驳回永贵的推荐，还责备他“擅专邀誉，涉明季党援朋比之习”，将其“削职夺花翎”。又过了几年，李漱芳才升任该职。

接连经历家人去世后，在京沉浮近 30 年的李漱芳决定辞官回家。当船只慢慢靠近渠江码头时，父老乡亲站了好几排，争先恐后地想看看这位“直声播中外”的家乡名人。

走上码头的李漱芳，举止谦恭，一点都没有朝臣的架子。老乡亲切地称呼他为“乡先生”。令大家吃惊的是，船上搬下一个又一个大箱子，打开一看，没有金银钱财，全是新书。原来，李漱芳考虑川蜀多人才，但“经籍半残阙，后生失宗仰”，所以希望培养家乡人的好学之风，教育后辈儿孙不贪不腐、清廉刚正。

“尚闻归蜀日，无那陨星何。”回川才几个月，李漱芳就一病不起，于乾隆四十九年（1784）去世，年仅 52 岁。据说，当地官员和其好友都做了同样一个梦，梦到李漱芳被“彩仗旗帜”接走，成为当地城隍，护佑全县平安。

王杰冷眼视和珅

玲 曾

王杰，清代乾嘉年间人士，曾在乾隆时任军机处阁僚，嘉庆时任内阁首辅，以刚正清廉闻名一时。

乾隆皇帝当政时期，和珅位高权重，对上阿谀奉迎，对下欺压勒索，专横跋扈，无恶不作。当朝官员无不怕他三分，不得不巴结讨好他，而王杰却是个例外。当时王杰与和珅同在军机处供职，他对和珅的行为极为鄙视，发誓“绝不与之交”。王杰平时从不与和珅往来，即使上朝议政之时，他也远离和珅，单独坐在一边。有一次，和珅假惺惺地走到王杰面前，主动与王杰搭腔，王杰不冷不热地随便应付了几句。和珅拿起王杰的手捏了又捏，笑道：“您老的手真柔软啊！”王杰正色道：“王杰的手虽然柔软，但是他不会要钱！”和珅听罢，张口结舌，赧然而退。和珅对王杰恨得要命，急欲除之而后快。但是由于王杰正直清廉，深得乾隆皇帝的信任，和珅拿他没有办法。

王杰不仅本人绝不与和珅结交，他还要求自己的家人也不要卷入和珅的势力范围。他有个儿子擅于书法，很有才华。乾隆皇帝每问起他的儿子时，王杰总是说没有才干。不仅如此，他还不许儿子应试参考。他曾经对人说：“哪个荐举我儿子，我就立即弹劾他。”王杰如此阻止自己的亲生儿子参加科举考试，为的是避免他考中任官之后，陷入和珅编织的黑网之中。

嘉庆帝即位后，和珅被杀抄家，人心为之大快。王杰以元老重臣身份被任命为内阁首辅，辅佐嘉庆帝治理军国大政。他遇事老练持重，照顾大体，竭诚进谏，赤胆忠心，深得嘉庆帝的赞许厚爱。数年之后，王杰年老退休归家，嘉庆帝嘱托儿子设宴为王杰送行，嘉庆帝本人也特地撰诗相赠，其中一句写道“清风两袖返韩城”，给了王杰中肯的评价。

“不通人情”的蜀中廉吏纪大奎

舒 炜

纪大奎从未想过要当官场上的英雄。清嘉庆十一年（1806），纪大奎来到四川什邡当知县，那一年，他已经60岁了。

说起来难以置信，他本在乾隆朝已经辞官回乡著述，居然还能重新起复，尤其是朝廷还派出快马催了他几次，在别人眼里可谓“皇恩浩荡”。不过他没想到，在这里，一干就是10年，成就他蜀中廉吏清官之名声。

老夫子当上县太爷

纪大奎是江西人，博学多才，对程朱理学造诣很深，善古文词，从他给自己起的号为“慎斋”，即可见一斑。但之前他从未在四川任职，以至于到任之初，有人对他说：“什邡县民性强悍，宜示之以威。”他说：“如果无德可怀，专示以威，于民何益？吾无德于民，民犹怀之，若导之以德，民风不更淳乎！”

意思是要用德来教化百姓，而不是用威权来震慑。纪大奎先是把朱熹所注《四书》和王阳明阐述的“良知”学说，写成《读书入门三法》交予方亭书院，让秀才、监生们把它刻印成《条谕录》发行到城乡，教人们身体力行。

但理想是丰满的，现实却是骨感的。时县内有秀才、监生数十人，经常惹是生非，操纵诉讼。其中有个绰号“尖尖帽”的，多次在街坊中扬言，自己能控制官司中的生杀大权。

这让纪大奎深为警惕，每讯问一案，先要清查有无讼棍引诱，如有发现操纵等情况，坚决严惩。一段时间后，那些秀才、监生纷纷躲了起来。

这让纪大奎很苦恼，他是个典型的知识分子，硬碰硬从来不是他的强项，但当下，又似乎必须来硬的才能解决问题。至少，什邡再没有出现讼棍的情况了，但还是有百姓对他的做法指指点点。

直到争水械斗事件的出现及解决，才为他赢得了威望。

什邡虽有石亭江和南阳泉水分流灌溉，但由于土多砂砾，渗透性强，流域内经常会发生供水不足的情况。由于各处堰堤旧规参差互变，不能划一，造成用水不均引发的分歧案件特别多，过去什邡和绵竹、广汉常因用水发生争执。

说到水道流向这一块，才是纪大奎的强项，《清史稿》中的纪大奎就有一个地理（堪舆）学家的头衔，著有《地理末学》6 卷，《地理水法要诀》5 卷。他选这个来破题，算是找对了路子。

在多次调查后，纪大奎视沟口的高低，验水性的流状，较河流的长短，查田土的松坚，矫正旧规，一一立案。按照成案协商，互相照顾，得到妥善处理，平息了在引用石亭江水中的多年争讼。

几年下来，以德教化使民风大变，当地呈现出一派新气象。对纪大奎的称颂在什邡处处流传，曰：“小民何幸见青天。”

妙断牛舌案

在古代老百姓眼里，断案如神，是当好县太爷的基本功，包拯、狄仁杰莫不如是。搁纪大奎这里，最让人称道的就是牛舌案了。

有一天早上，什邡的村民吴某发现自己房后碾场上的牛嘴里流血不止，一段牛舌被丢在地上。当时，牛是农家的宝贝，牛被割了舌头，岂能活命？吴某跑到县城告状，击鼓鸣冤。

纪大奎升堂问明事由，略思片刻，问道："牛还活着吗？"吴某答道："还活着。"纪大奎便说："你可先回，本县即刻就到。"

很快，纪大奎带人来到碾场，勘验完毕，命全村人集于场中，排成一队，依次唱名，每人将此牛牵走十步。当轮到一个姓李的青年牵牛时，此牛心惊胆战，一步不前，将缰绳挣断。纪大奎立即喝声："将他拿了！"衙役一拥而上，将李某擒到案前。

李某大呼冤枉。纪大奎怒道："冤你不得！杀牛者，牛自恐惧。今日众人牵牛，牛皆不恐。唯独你牵，牛恐惧不走，你岂能不是凶手？"李某听了，只得承认。

案情查明后，纪大奎命人将残牛交给李某，李某将自家耕牛赔给吴某，并交罚银若干。

纪大奎在什邡为官期间，下乡必自带食物，役夫也由自己供给。

什邡特产晒烟，有奸商欲垄断该行业而谋其利，用行贿手法，居然得到衙门里准设烟行实施垄断经营的批文。

纪大奎认为，贫苦农民单家独户种烟量少，过去小孩都可以零星拿点烟上市售卖换粮米，若设立烟行，实施垄断控制了晒烟行业，必然伤害贫民利益。于是他力请上司，收回批文，便利百姓。

后来他离任时，还担心奸商再行谋设烟行，遂将该县不立烟行的规定勒刻在石碑上，以昭永禁，彻底断绝了奸商的念想。

“怎能放纵自己，懈怠公事”

纪大奎本是个不折不扣的文人，文人自然少不了游山玩水，吟诗作赋。但他同时又是官员，需要时时刻刻提醒自己，不能任性耽误正事。

他只在来什邡的第一年，游过一次当地名胜雪门寺。那也是因为自己仰慕的程颢、程颐夫子曾入什邡此寺讲学。

宋英宗年间，二程游至今雪门寺一带，恰好遇一篾叟、一酱翁，虽是村衣旧服，却精通《易经》，令二程大为拜服，于是在雪门寺建书院。纪大奎专程至此拜谒，写下了“高山仰止，景行行止，每至关斯，慨然溯伊洛之传，想苞符之迹，其乌可煊知所响往也哉”的句子。

对纪大奎而言，在什邡为官的10年生涯里，这样的“游山玩水”，仅此一次。另一个广为人知的事情是，县衙里有一荷花池，亭榭点缀其间，景色颇佳，但纪大奎心于各类公事，基本无闲情逸致去观赏。他说：“董子（董仲舒）三年不窥园，读书尚如此，况今临政亲民，日无暇时，怎能放纵自己，懈怠公事呢？”

什邡以盛产名贵山茶花著名，其他州县的同僚不免向其索取。纪大奎不仅一株未送，还将杜绝逢迎作为为官规范来强力执行。让不少官吏背后说起纪大奎时，总要摇摇头：“此人不通人情。”

嘉庆十八年（1813），纪大奎已在什邡任县令七载，政通人和，藩台欲将其调往更加富庶的华阳县任职。但纪大奎却认为华阳为全省首富之县，地处繁华之地，与达官贵人难免交往、应酬过多，必将浪费许多时间和精力，由此为民办事必受不利影响，不如在外州县终日忙于民事更好些。遂托病力辞，直到获准，仍留任什邡。

又过了3年，纪大奎调合州（今重庆市合川区）代理州事，任满仍然回什邡。直到嘉庆二十三年（1818）正式提升为合州知州，他才离开什邡。仅3年，再次告老还乡。

“挂印青天”喻秉渊

张　宁

不惑赴任，挂印守廉，万民牵衣泣送，一家囊橐萧然。

天命归故，捐资助学，半生农耕劝廉，几代家徒四壁。

——喻秉渊其人其事

清朝时期，四川巴中出过一个“喻青天”。

“喻青天”本名喻秉渊，出生在今巴中市恩阳区兴隆场乡玉皇村，这是一个书香不绝、科第绵延的家族。喻家世代相传的祖训是“心术不可得罪于天地，言行要留好样于子孙”。

喻秉渊为人豪爽，家学渊源，道光五年（1849）中文举，同治十年（1871）以大挑签分云南署沾益知州，后授保山县知县。任职期间，为官清廉，办案公正，被当地百姓誉为“喻青天”。

问心办案，爱民清廉

喻秉渊3岁时进入官学堂读书，严于律己。即使一度会试落第后，坚持在官办的巴州宕梁书院讲学，在被官吏挪扣经费的前提下带头捐资创立宾兴，资助了多名贫困学生，名望颇高。

同治十年（1871），经朝廷“大挑（候选）一等”之后的喻秉渊任职于云南沾益州知州。喻秉渊上任后办理首案时精推理，细酌情，翻阅大量书籍和案卷，走访无数百姓，推翻了因误食发霉黄豆所做炒面致死而错判杀人的冤案。此后，连续评判了几起冤案，得到了百姓信任，为此，“喻青天”美名逐渐传开。

为了不毁“喻青天”美誉，喻秉渊养成了一个习惯，每次审案之后回到书房，总要独自一人仰望苍天，反复思索案情经过，扪心自问断案是否公允，有无不公之处，做事是否做到上不愧于朝廷，下不愧于黎庶百姓。皇帝为褒奖他，特赐“问心堂”匾额一块。

喻秉渊洁身自好，在贪腐横行的年代，同僚虽然对其颇有微词，但亦称其“身正，不受，文武全才”。

在喻秉渊的悉心治理下，常年处于动乱边缘的沾益州却始终保持着稳定发展的局面，其地汉族与少数民族和平相处，始终未受到大理政权的影响。

拒赌训子，挂印守廉

同治十一年（1872），喻秉渊调任云南永昌首府保山知县，首要任务是治匪惩贪。喻秉渊身材高大，魁梧健壮。处理当地盗匪时，他一直都是带头冲在最前线，很快就使当地匪患减少，到处呈现“弃刀买牛”现象。

保山瓦渡金矿矿长有十多位，每年都要联合送礼。他们装了一大口袋银子，找了个平常送礼有经验的人送到喻家，喻秉渊当场拒收，并严厉训斥来人一番，称如果不拿走就全部充公。从老家来他身边读书的小儿子喻恩刚好看到了这一幕，等那人一走，喻恩便问道：“爸爸，你怎么不要银子？我们在老家饭都吃不起呀！”喻秉渊严厉地给了儿子一耳光，训斥道：“滚回去，你这种东西莫败坏了我的官德！”他召集全家人，给家人讲为什么不能收别人东西的道理，并反复强调：“俸薪身家之外，不可贪用他之一分一文。”

而喻青天挂印辞官，也是因为此。一日升堂问一桩杀人案，证据确凿，犯人供认不讳。审问之后，喻秉渊嘱师爷具案申报秋决。但宣判之后，那罪犯当堂大叫：“怎么，要了银子，还要脑袋吗？”喻秉渊忙查原委，才知其妻弟收了犯人银两。他责成妻弟立马退还赃银，并连夜上表辞职，深感有失官德，不待批文下达，就封印挂冠而去。

农耕传家，助学劝廉

喻秉渊的家乡在四川巴州，清朝鸦片烟贩卖猖獗，当官的没钱烧烟了，便随心所欲地增加税赋，害得巴州百姓生活十分艰苦。

喻秉渊辞官回到家乡后，以耕读传家、劳作为生，积极参与老百姓的大小事务，远近乡邻但凡需要他帮忙的，他总是积极出面，以举人特殊的身份和智慧为老百姓解决问题，从不收取一点好处。本地官员非常憎恨他，为此与喻秉渊展开了各种较量，喻秉渊文不怕官压，武不怕威吓，这让当地官员无计可施。

一心为学子着想的喻秉渊，总是念念不忘学子科考的辛苦，便想新修考棚。当地官员知道这一消息后，在一个晚上带上 200 两白银去拜访喻大人，以聘请他讲学为由行贿于他，希望他有时帮帮官府说说话，喻秉渊怒斥来客，断然拒绝。

后来，喻秉渊发动家人种植老鹰茶和紫薇花，将所有收入和自己的所有积蓄全部捐出修建考棚。因为捐钱让其家境一日不如一日，所以导致家徒四壁。一日来客，无米可炊，家里实在没有可以招待客人的东西，想起一代知县的家境这样，儿媳心酸落泪，但又不得违抗父亲大人的命令，只好端出一钵清水，里面只有官帽上的两颗铜花铃，笑称“名誉汤”。

这件事让时任知县很是感动，修建考棚的事得到州官们的大力支持，社会贤达资助，随即修建了考棚。为鼓励巴州学子上进，并希冀有学子能中状元，还在考棚前修了一座石桥，取名为“状元桥”。

自此以后，喻秉渊把余生全部倾注在考棚考试的学子身上，每一年开考，他都要亲自去讲学，用自己的真实事例教育学子，不仅教导学子要学业有成，更要做官为民，不贪不占。学子们非常尊重喻老先生，而喻秉渊也成为巴中立德做人、清廉为官的楷模。

李榕：一生“三清”　低调传家

夏　芯

晚清翰林李榕是一个命运大起大落的人。他33岁中进士后步入仕途，与李鸿章、李元度、李眉生同出名臣曾国藩门下，合称为“曾门四李”。49岁累功升至湖南布政使，达到仕途高峰，然而却在捐输政策上得罪地方豪强遭诬告，两年后被罢免官职。

很难有人能像他这样快速调整心态。回乡后不仅应邀撰写地方志，还重拾耕读文化，展开了长达20年的教学生涯，直到生命结束。从廉官到乡贤，李榕的一生不因处高而失低调，也不因处低而失傲骨。从先祖到后辈，这股气节如何一脉相承？笔者来到李榕故里四川剑阁县，一探李氏家风。

承祖训：勤和恕让，耕读传家

位于剑阁县下寺镇友于村的李榕故居，是李榕授翰林院庶吉士时被赐予的翰林府。这间深藏于竹林与农房深处的宅院，远看已是一户农家。李榕遭罢免后，置“耕读为本”于座右，告诫子侄亲朋且耕且读，蔬书并重。

“启我愚昧，佑我聪明；克勤克俭，且读且耕；不学下流，不堕家声。”李榕家族秉承祖训，世代农耕。李榕之父李时荣于道光乙酉（1825）乡试中举，曾在广东为官，他“慈祥恺悌，所至民怀”。李榕幼承庭训，刻苦攻读，立下远大志向，他曾有诗曰“少年不合潜林壑，圣明贫贱吾其羞”以示人生抱负。

李榕之母安氏勤俭温良，治家有道，对子女管教严格，强调“四戒”，即“力戒耳软任性，偏信和偏疑；力戒弟兄子侄，妯娌不和睦；力戒疏慢亲友；力戒骄凌贫贱”。严格的教育和严谨的家规，形成了“勤、和、恕、让”的家风，对李榕的人格长成有着重要影响。

李榕在长沙走马上任湖南布政使时，与各级官员约法三章：一是官样要大方，平易近人，严格管束家人，不得仗势作歹为非；二是断案要亲自勘察，下乡要轻骑简从，以诚求证；三是民间捐税不得随意乱涨、滥涨。

然而，封建积弊与清末官场时弊之深重，让性格刚直的李榕最终跌倒在政策改革上。他发现湖南各捐输局，以“劝捐助饷”为名敲诈勒索百姓，于是不顾劝阻上奏朝廷，明令征收捐税“豁免下户，着重上户”，触犯了豪门富室的利益，遭到当地权贵的诬陷弹劾，后朝廷以“查无实据，事出有因”的罪名将其就地免职。

罢官回乡之后，他重拾耕读文化，不仅亲力亲为，还要求兄弟子侄每年春秋二季农忙时节，必须和长工短工一起割麦插秧，并与他们同桌饮食，不得特殊。有空闲时间就读书练字不许疏懒。

他的子孙传承家风家规，一边读书，一边劳动，大多成为地方士绅。儿子李颖、门人温、吴参与编写《剑州志》；侄孙李谔传承办学，收全乡农商子弟入学受教。乡民受李氏家风影响，大多重视文化。乡场民风大变，文化氛围浓郁。

教学：为官须廉，收放有序

虽光华已褪去，但昔日的翰林府仍然可见引路、过厅、内厅的3层式规制。从引路到过厅，镂空门楣、雕花脊瓦逐渐映入眼帘。在过厅与内厅之间的照壁上，残缺飞檐下的浮雕图案还依稀可辨，按照当时的装饰风格，左为琴棋书画，右为梅兰竹菊。再往里面的内厅，就是李榕的书房，曾经从这里诞生的诗词、书法已成为后世的宝贵财富。

李榕的许多经济文章、诗话楹联都被他的学生收入《十三峰书屋全集》。他曾有“季子正少年，匹马黑貂裘”的胸怀，也有“日日溪边弄碧漪，窥鱼沙鹭也忘机”的慨叹，有无可奈何的宿命之感，又包含不甘寂寞、积极进取的志向。

他回到故乡后，快速从罢官的失落中走出来。他看见家乡很少有人读书识字，特别是儿童没有任何学习条件与机会，就在翰林府邸的东边镜默斋开办了学房，首开下寺镇教书育人先河。他办学同时还任剑州兼山书院的山长，后又主讲于江油登龙、匡山两书院。

李榕的教育理念及方法，至今仍不乏借鉴。他以充实自我与做人治世为出发点，将儒道两家主张的收敛、扩展之精髓融会贯通，建立了独特的古道树人体系。他不反对门人子弟做官，但要“以‘廉’字为铁板注脚”，希望学生“共登青云梯”。他提出要走仁德治世之途，要勤谋国事、不求富贵，要重义轻利、为民解难。

为官收放有序，李榕首先做到了“收”。他在升任湖南布政使时，将从湖北乘船沿长江水路赴长沙藩台，沿途州府官员闻讯，都在江岸具礼迎候。李榕知报后，即派家人去买食材，悄悄乘坐一艘官船自炊自食，船到各州府点隐蔽而过。

在治理一方之道上，李榕做到了“放”。他上任后，执掌刑名诉讼，开始纠正冤假错案，同时审理私抽捐税、中饱私囊的贪腐案件，惩治欺诈百姓的恶棍无赖。治理不过半年，民风大变，衙门书役无一舞文作弊。

后来报国之志落空，他转而投身于家乡以及川北的文化教育事业。门生张琴，翰林院庶吉士，署安徽庐江知县；张枚，任剑州知事；谢佩舒，为柳州知事等，均为一代廉吏。

教子：低调收敛，团结和睦

墙面破损的一角露出墙体，那是由材质坚韧的木竹密集编织而成的“钢筋”，经过了100多年，仿佛依然支撑着这个风雨飘摇的家族。环顾四周，陋室空堂填满了荒凉寂寞。

从李榕所处的时代来看，儒家传统的忠孝仁义思想让他树有报效朝廷之志，所以他在镇压太平天国时能建功立业。同时，他也目睹政治腐败、民不聊生之世相，以至孤傲不群、曲高和寡。因此有人评价李榕的一生功过并存，时代注定了他半生的悲凉。

也有人认为，是他的傲气给他带来了仕途之灾。李榕和李鸿章虽同为曾国藩门生，但李鸿章处事圆润权变，这让性格刚直的李榕甚是不屑。此外，李鸿章的品级高于李榕，李榕的才学又在李鸿章之上，两人早已互生骄心与妒意。

有一次，李鸿章请李榕赴宴，见李榕穿着旧衣破鞋，便取笑说：“老兄的鞋，帮子何其烂耶？”李榕回答：“我靴虽薄而旧，但底正帮直，你靴虽好，但底歪帮斜！”这话是骂李鸿章是监生出身，功名底子不正，弄得李鸿章十分尴尬，从此怀恨在心，后来受命查办捐输案时，欲趁机置李榕于死地。《清史稿·李榕列传》中这样评价：“时舆论咎李鸿章太过，谓不免同室操戈，而李榕平时蔑视李鸿章，亦不无自取之道焉。”

晚年的李榕总结自己一生的荣辱得失，悟出了一个道理，其精髓就是低调处世，守住这个底线则进可以攻，退可以守，方才不致流入大起大落的尴尬。他借语恩师曾国藩的亲书赠言“温恭朝夕”，大书“翕宜朝夕”四字挂在墙上，提醒自己并教育家人：不论早晚都要记住“低调收敛”，对人处世切不可张扬，牢记和谐团结，看重亲情友情，被后世子孙奉为家规。

“友于村”的得名，也缘于李榕的低调。光绪四年（1878），何马沟何、马二姓人丁式微，沟名反不如翰林府响亮。于是有人建议更改沟名，或说“李家沟”，或说“李家庄”。但李榕不以为然，而是根据《尚书》“唯孝友于兄弟”句，把何马沟更名为“友于庄”。希望乡邻亲如兄弟，和谐平安。

他低调收敛，却为民众仗义执言。回乡后的李榕，更加深感百姓疾苦。当时，剑州官府责令下寺窑沟碗厂每年无偿提供陶碗2000个，“以备办差之用”，提催差役下到乡间勒索酒食盘费。李榕写信给剑州知州杨云舫说：“此碗黄泥粗料，办差有何用处，只以饱工房之私囊耳。”促使官府免除了民众不合理的负担。

为避免旱灾歉收，李榕还在何马沟上游拦沟作堰，开挖渠系三里引溪水灌田，惠泽乡邻。

后人总结李榕的一生，是“为官清廉、做人清白、生活清平”，此处称“清平”而非“清贫”，是有原因的。李榕罢官回到故乡，只靠教书挣点银两以补家中用度，其他饮食蔬肉均靠田产自做自食，稍余些许还用以救济穷人，因此他并不“贫穷”，而是自甘清淡与平凡。

办学授课的20年时间里，李榕只辗转于各个书院，不做多余的应酬，直到生命终结。120多年后的今天，当地人迁葬时打开李榕之墓，只见朽棺中除了顶戴的零星残件和散落的朝珠外，没有任何其他随葬品，这便是他一生“三清”的最好见证。

“赔钱做官”的刘光第

张宏杰

刘光第从小在艰难困苦中长大，个性强硬方刚，能吃寻常人不能吃之苦。同时，他对官场上的喧嚣浮华十分看不惯，更不愿意对高官做谄媚之态。

刘光第是四川富顺人，戊戌六君子之一，但是对于他的经济状况，很少有人注意。

光绪九年（1883），他高中进士，授刑部候补主事，时年不过24岁，可谓少年得志。但是奇怪的是，中了进士之后，他却很久没有去北京当官。因为家里太穷，所以他拿不出到北京当官的本钱。

京官十年，不认得同乡

清代官员从家乡到北京去当官，路费要自己出。雇车长途跋涉，花费不小。而且到北京之后，又没有公房、公车待遇，要自己租房、租车，购置官服，需要花钱的地方太多，一般人家都出不起。

直到中了进士5年后，他的一位族叔、自贡盐场绅商刘举臣，觉得自己老刘家几百年不出一个进士，好不容易考中了却做不起官，实在太可惜了，于是主动提出每年资助他白银二百两。富顺知县陈锡鬯一度“亦年助百两”。这样，刘光第才在母丧服阕后进京，开启了十年京官生涯。

刘光第的整个京官生活，都穷得一塌糊涂。一般京官都住城里，上下班方便，他却住在郊外，因为他付不起城内的高昂房租。他在北京南西门外找到一座废弃的菜园子，当中有几间旧房，简单收拾了一下，便在这里住下来。当然，史书说得很客气，说他之所以住在这儿，是因为“君恶京师尘嚣，于南西门外僦废圃，有茅屋数间，篱落环焉，躬耕课子。二三友人过访，则沽白酒，煮芋麦饷客”。

避居城外，除了无力支付城内高昂房租外，还有一个原因，刘光第可以避免频繁的应酬往还，少随点份子。别人家都是三天两头请客吃饭，只有他们一家人很少出门交游，他老婆在北京待了十一年，没出过一次门：“其夫人自入都至归，凡十一年，未尝一出门与乡人眷属答拜。其境遇困苦，为人所不堪，君处之怡然。”

其实，刘光第也有着强烈的出人头地欲望，也不怎么掩饰自己对仕途的热衷，到北京之后，很想快快升官。盖因他之读书，是全家人节衣缩食供出来的，母亲甚至“卖屋而买书”，所以全家人“发达”之愿望，皆在他一身。

到刑部上班后，刘光第工作十分勤奋。一般人一个月到衙门上20天班，就已经算非常勤奋的了，他每个月出勤可达29天。

在给刘举臣的信中，他这样解释自己为什么这样勤奋：“主稿等均劝勤上衙门，一月得二十天都好，如能多上，便见勤敏。”如此勤敏，大家都说，过不了几年就能升官，“同乡皆言，如此当法，数年后，必定当红了”。大家如此鼓励，他对自己的仕途也很有信心，认为像自己这样拼命努力，不飞黄腾达都难。

1890 年 12 月 20 日，他在家信中说：“故就兄一人一身而论，尽可无虑，十数年间，一帆风顺，便可出头。”虽然如此说，事实是十年之间，他却始终在候补主事一职上不能迁转。原因一方面是晚清仕途过于拥挤，另一方面则是刘光第个性并不适合混迹官场。

刘光第从小在艰难困苦中长大，个性强硬方刚，能吃寻常人不能吃之苦。《年谱简编》记载，有一次他走在路上被疯狗咬伤，为了怕感染病毒，他从附近人家借了把菜刀，活生生把伤口周边的肉都挖下来了。此举断非寻常人所能为，可见其性格之强。

刘光第的另一个性格特点是内向、孤介。对于社交活动，刘光第既不擅长，也不感兴趣。除了必不可少的礼仪比如师门的三节两寿之礼外，平日“少交游，避酬应”。偶尔应酬，也多独坐“寡相谐”，坐在那不和别人交流。胡思敬在《碑传集补》中说他“恂慎寡交，稠人广坐中，或终日不发一言，官刑曹十余年，虽同乡不尽知其名”。

他当了十年官，连同乡都没认全。他这样做，原因当然主要是对官场上的喧嚣浮华十分看不惯，也不愿意对高官做谄媚之态。刘光第也说自己“冷僻犹昔”，“在人稠中”他“不善作便佞趋承之状”，以至于“众皆木石视之”。这样的性格，自然影响他在官场中广结机缘，导致迟迟不能升迁。

升官反而更为“赔钱”

刘光第的收入中缺少外官“馈赠”等灰色收入。这是因为入仕不久，他就立志要做清官名臣。1889 年，也就是进京为官的第二年，他就在家信中说，自己要效仿康熙朝的名臣魏象枢，有了亲戚的资助，就不收什么灰色收入，要保持清廉之节。

因为立志要做名臣，刘光第十分爱惜羽毛，其清峻程度远过于曾国藩。步入官场之初，刘光第也接受过一些馈赠。后来，随着做清官名臣的目标日益清晰，他开始拒绝绝大多数官员视为正常的馈赠："兄……不受炭别敬（方写此信时，有某藩司送来别敬，兄以向不收礼，璧还之）。"

刘光第连好朋友的帮助也不要，因为他不想沾染任何灰色收入。有一个好朋友发了笔小财，想帮他一把，也被他拒绝。甚至有人看他成天穿着破旧衣服，想给他两件衣服，他也不要，这样也就失去了"他人馈赠"这一京官颇为重要的收入来源。

及至后来因参与变法而获得重用后，他的作风在军机中也独树一帜。升了官，别人都要给报信的太监赏钱，只有他一个钱不给："向例，凡初入军机者，内侍例索赏钱，君持正不与。"不仅如此，谁家有事，他也不随礼："礼亲王军机首辅，生日祝寿，同僚皆往拜，君不往；军机大臣裕禄擢礼部尚书，同僚皆往贺，君不贺；谓时事艰难，吾辈拜爵于朝，当勋王事，岂有暇奔走媚事权贵哉？其气节严厉如此。"

当了军机章京，别人每年都可以收到大笔外官送的礼金，只有他一文不要："（光第）性廉介，非旧交，虽礼馈皆谢绝。既入直枢府，某藩司循例馈诸章京，君独辞却。或曰：'人受而君独拒，得毋过自高乎？'君赧然谢之。"

如此做官之法，使得他升官反而更为赔钱，每年要赔五百两。他自己在家信中说："兄又不分军机处钱一文（他们每年可分五百金之谱，贪者数不止此）；……如不当多时，所赔犹小；如尚不能辞脱，则每年须干赔五百金。"

基于以上原因，刘光第的生活自然摆脱不了艰窘。他在书信中描述自己的生活说，因为收入少，所有家务，都是老婆带一女仆亲自干，家里越发破旧得不像样子：“去夏大雨后，顶槅全漏，烂纸四垂，屡次觅裱糊匠不得。及觅得，又以价太昂，屡相龃龉，直至冬月，始迫于不得已，费十余金，乃收拾完好……惟是顶棚未裱好时，客厅堵事，俱颇潦草。”

这种贫困状况贯穿了刘光第京官生涯的始终。一般人苦熬苦做京官，一是期望能在级别上快些升上去，二是期望能外放到外地做地方官，收入可以名正言顺地大涨。资助他的族叔也是这样期望。可惜，因为参与维新变法，刘光第没有迎来自己经济状况改善的那一天就断送了性命，他的族叔也没能收回“投资”。他在变法失败后被捕之时，连执行抓捕任务的官兵都惊叹他家之穷：“缇骑见家具被帐甚简陋，夫人如佣妇，皆惊诧曰：‘乃不是一官人！’”